기독교 영향력

기독교 영향력

이영철 지음

코람데오

기독교의 선하고 아름다운 영향력

저는 이 책을 통해 예수님께서 이 세상에 끼치신 영향력에 대해 역사적 증거를 가지고 설명하고 싶었습니다. 왜냐하면 저는 그분의 사랑을 과분히 받은 성경번역자로서 그분의 선한 영향력에 대해서 확신하기 때문에 그 증거들을 세상에 알리고 싶기 때문입니다.

그러나 자신의 영향력조차 제대로 표현 못하는 저 혼자서, 기독교가 수세기에 걸쳐 온 세상에 끼쳤던 그 방대한 영향력을 이 책 하나에 온전히 담아내기란 어림없음을 제가 잘 압니다. 다만 읽으시는 분들이, 기독교가 세상에 미친 영향력에 대해서 좀 더 넓고 정확하게 보시는 데 이 책이 조금이라도 도움이 된다면 저에게 더 바랄 것이 없겠습니다.

어떤 분들은 "기독교가 나쁜 영향력도 많이 끼쳤는데 왜 그런 것은 전혀 언급하지 않았느냐?"라고 질책하실 것입니다. 옳으신 지적입니다. 기독교 신자라고 하는 사람이 예수님의 말씀대로 살지 않으면 불신자보다 더 악한 일을 많이 할 뿐 아니라 세상 사람들에게 짓밟히는 신세가 될 것임을 성경은 여러 차례, 이미 분명하게 경고했습니다. 그러나 그러한 악행들이 기독교의 강령이나 본질이 될 수는 없습니다. 공해로 오염된 지역에서 별을 볼 수 없음은 하늘의 잘못이 아니라 인간의 잘못이라는 것이 저의 소신입니다. 이 책은 예수님의 가르침이 '제대로' 적용되었을 때 어떤 일이 일어나는지에 집중하고 있음을 알려드립니다.

이번에는 제가 여쭙고 싶습니다. 이 책이 제시하는 바 그 선한 영향력의 긴 목록을 기독교 외에 어디서 찾아볼 수 있을까요? 그렇게도 오랜 기간에 지속적으로, 그렇게도 넓은 지역에서 다양한 민족에게 다양한 언어로 영향력을 끼친 종교나 단체가 있었나요?

올바로 적용되기만 한다면 인류에게 선하고 아름다운 열매를 무한정 공급할 수 있는 능력이 기독교의 씨앗에 내장되어 있습니다. 이 글을 읽으시는 모든 분들이 예수님의 가르침을 잘 적용하여 풍성한 삶을 일구며 누리시기를 기원하며, 독일의 지성 괴테의 다음 말로 인사말을 맺습니다.

"가장 큰 찬사는 기독교에 돌려야 합니다. 기독교는 사명감, 형제애, 인간의 필요를 채워주는 친 가족 같은 우정 등 원래 가지고 있던 탄복할 만한 특징을 지속적으로 보여줌으로써 그 기원이 순수함을 늘 입증해왔습니다."

저자 이영철 올림

contents

PART 1
문명개혁

영향력 면에서 본다면, 인류 역사에서 기독교만큼
큰 영향을 끼친 단일 세력은 존재하지 않는다.[1]

– 케네스 라투레트(역사학자, 미국역사학회장 역임)

우리 서양문명은 기독교회의 도움을
받지 못했다면 태어나지도 못했을 것이다.[2]

– 아놀드 토인비(역사학자, 영국의 왕립국제문제연구소 이사 역임)

1   Kenneth Scott Latourette, *A History of Christianity* (New York: Harper & Row, 1975, Revised) I, xii

2   Arnold J. Toynbee, *Christianity Among the Religions of the World* (London: Oxford Univ. Press, 1958), p. 67

인류 문명의 변혁

20세기 네덜란드의 철학자 헤르만 도예베르트는 『서양 문화의 뿌리』에서 "한 나라의 문명을 결정하는 것은 종교다."라고 말했다.[3] 사실 마음씨와 생각이 행동에 영향을 주고 그 행동들이 모여 한 사람의 삶을 결정하듯이, 종교의 세계관과 가치체계가 그 구성원의 생각 및 행동에 영향을 주고, 그 행동들이 모여 한 지역의 문명을 형성하는 법이다.

기독교는 세상의 문화를 변화시켰다. 기독교는 이스라엘을 중심으로 하는 중동에 근원을 두고 있지만, 유럽으로 건너가서 유럽인들의 마음과 정신을 개조시켰을 뿐 아니라 온 세상에 퍼져 각 나라의 문명에 지대한 영향을 끼쳤다. 역사상 성경처럼 인류에게 큰 영향력을 준 문서가 없으며, 기독교처럼 많은 사람들이 받아들인 믿음의 체계가 없다. 현재 대부분의 나라는 예수님께서 태어나신 해를 기점으로 하는 연호를 쓰고 있으며, 유대-기독교의 전통을 따라 일주일에 한 번은 쉰다.

---

3   Herman Dooyeweerd, *Roots of Western Culture* 문석호 역 『서양 문화의 뿌리』 (크리스찬다이제스트: 1996), p. 122

야만인의 문명인화

　오늘날 인권이나 사회정의, 교육, 복지 등 거의 모든 부분에 있어서 세상의 모범이 되고 다른 지역보다 앞서 있는 한 지역을 꼽으라면, 북유럽(덴마크, 노르웨이, 스웨덴, 핀란드, 아이슬란드)이 될 것이다. 이 나라들은 모두 국기에 십자가가 새겨져 있을 뿐 아니라 종교개혁을 일찍 받아들여, 개신교를 오랫동안 믿어 왔다는 공통점을 갖고 있다.

　이들의 조상 바이킹족은 이웃 나라를 자주 침략하여 양민을 학살하고 젊은 남녀들을 노예로 팔던 야만족이었다. 그러나 8세기 이후 기독교가 전파되면서 그들의 호전성이 점차 완화되었고, 13세기에는 기독교의 영향력이 투영된 성문법을 제정하여 약자를 보호했다. 아이슬란드의 경우 복음을 받아들인지 한 세기가 못 되어 국가적인 평화가 찾아왔고, 새로운 문학 형태가 창출되어 이 나라의 기원과 제도에 대해 소중한 지식을 제공하는 역사가 기록되었으며, 위대한 민족 작가들이 등장했다.

종교개혁에 의한 유럽의 개혁

성경의 가치관은 문명을 놀랍게 발전시키는 능력을 갖고 있다. 그러나 그리스도인들이 성경의 가치관을 삶에 적용할 때라야 그 능력이 드러난다. 중세 기간에는 대중이 성경을 가까이할 수 없었기 때문에 그 능력이 제한되어 있었다. 그러나 종교개혁 이후 성경이 대중에게 보급되면서 성경의 가치관이 유럽의 정치, 법률, 경제, 과학, 교육, 예술, 의료, 윤리 등 사회 곳곳에 깊숙이 스며들었고, 그 결과 유럽의 문명이 놀랍게 번창하기 시작했다.

루터를 비롯한 종교개혁자들은 만인이 성경을 읽을 수 있도록, 사상 최초로 정부가 모든 계층의 어린이들에게 무료로 교육을 제공할 것을 주장하고 실천함으로써 대중의 지적 수준을 높여 서구가 과학 혁명으로 진입하는 문을 열어주었다.[4] 또 직업의 평등을 외치는 만인제사장주의는 인류가 경제발전 및 민권운동과 민주주의 및 약자를 배려하는 법 개정으로 나아가는 중요한 이정표가 되었다.

---

4 Encyclopaedia Britannica 15th ed., 1984, macro. vol. 6, *History of Education* p. 34

아프리카 개혁

아프리카의 근대교육은 선교사들이 세운 학교에서 출발했으며, 선교사들은 교육의 발전을 주도했다. 1970년대에 이르기까지 기독교 미션 스쿨은 아프리카의 초등학교 교육의 80퍼센트 이상을 감당했다.[5] 선교사들의 이 교육에 대한 공헌이 없었더라면, 아프리카 대륙의 한 나라도 독립할 수 없었을 것이라고 해도 과언이 아니다.[6]

지금으로부터 1백 년 전 만 해도 아프리카의 8백 60여 개 언어 가운데 문자를 가진 언어는 20개가 못 되었다. 지난 세기를 통과하면서 5백여 언어가 처음으로 문자를 갖게 된 것은 거의 전적으로 온갖 열악한 환경을 무릅쓴 선교사들의 노력과 수고 덕분이다.[7]

> "우리나라 독립에 많은 공을 세운 선교사들에게
> 우리는 깊이 감사하고 있습니다."
>
> – 나이지리아의 발레와 수상(1960년 독립 발기문에서)

---

5 Vera Michelles Dean, *The Nature of the non-Western World* (New York: A Mentor Book, 1966, 2nd ed.), p. 215
6 J. H. Kane, *A Concise History of the Christian World Mission* 박광철 역 (생명의 말씀사, 1981), p. 204
7 강문석, 『아프리카 선교』(성광문화사, 1995), p. 272

선교사에 의한 문명개혁

문명의 발전을 위한 기독교의 관심과 노력은 선교 사업에서 잘 드러난다. 인도로 갔던 최초의 선교사 윌리엄 캐리 한 사람이 얼마나 많은 영향력을 끼쳤는지 살펴보자.

- 동양어로 인쇄된 최초의 신문(Samachar Darpan) 발행(1818년)
- 세람포 대학 설립
- 카스트에 구애받지 않는 보통학교 11개 설립
- 나병환자를 인격적으로 대우하기 위한 운동 일으킴
- 정부를 설득하여, 남편이 죽으면 아내도 산 채로 태워 죽여 함께 매장시키는 사티(sati)의 악습 폐지(1829년)

인도정부는 1993년 캐리의 영향력에 대한 감사의 표시로 그의 인도 도착 200주년을 기념하는 우표를 발행했다.

인도 개혁

  힌두교 지도자들은 신비주의에 뿌리를 두고 있어 사회개혁에 관심이 없었다. 그나마 나중에라도 힌두교 안에 사회개혁에 대한 바람이 불기 시작한 것은 주로 기독교의 영향이었다.[8]

  19세기에 복음을 받아들인 대부분의 인도사람들이 천민 출신이었으나 개종 후엔 그들의 지식 및 도덕 수준이 인도 평균보다 더 높아졌다. 비록 개신교도들의 압도적 다수가 사회 · 경제적으로 가장 낮은 계층, 천대받고 버림받은 집단에서 나왔으나 그들의 평균 사망률은 회교도나 힌두교도보다 낮았고, 지식수준은 인도 평균보다 높았다. 그들 가운데서 알코올 중독, 이혼, 일부다처주의 등은 거의 자취를 감췄다.[9]

> "예수 고난의 본보기는 비폭력에 대한
> 나의 수그러지지 않는 믿음을 구성하는 요인이다."[10]
> – 마하트마 간디

---

8 이에 대해 스탠리 존스는 "인도를 휩쓸고 있는 개혁 운동들을 나열해 보면, 그것이 경제 개혁이든지 또는 사회적 · 도덕적 · 종교적 개혁이든지 모두 예수 그리스도와 그의 사상에 깊이 관련이 있음을 알 수 있다. 그 운동이 반동적이지 않고 개혁적인 한 반드시 예수 그리스도에게서 멀리 떨어져 있지 않다."라고 말했다. E. Stanley Jones, *The Christ of the Indian Road* (1925), p. 212에서 인용

9 Kenneth Scott Latourette, *A History of Christianity* 윤두혁 역 『기독교사』 (생명의 말씀사, 1980) III, p. 633

10 M. K. Gandhi, *What Jesus Means to Me* (Ahmedabad: Navajivan Publishing House, 1959), p. 6; John Stott, *The Incomparable Jesus* (2001), pp. 138f에서 인용

중국 개혁

중국에서 개신교 선교사들은 근대식 중·고등학교들을 1914년 이전에 이미 거의 다 설립했다. 이 때문에 중국 근대화에 중요한 기여를 했던 사람들 가운데 미션 스쿨에서 교육받은 사람들이 많았다. 1930년대 초기의 『중국 인명록』에 열거된 명사 가운데 35퍼센트 정도가 기독교 학교에서 교육을 받았다.[11]

선교사들은 근대의학을 소개하고, 의사 및 간호사들을 양성했으며,[12] 정신병자와 맹인 보호 사업에도 앞장을 섰다. 그들은 기근의 개선에도 관심을 기울였고, 농경과 임업에 선진기술을 도입했으며, 식물 및 동물의 질병 퇴치법을 소개했고, 곡물 및 과일의 소출을 증대시킴으로써 기근방지에 힘썼다.

"(중국인들은) 기독교를 통해서 좀 더 신중하고 근대적이며 공공 유익을 위해 헌신, 봉사하는 생활태도를 갖게 되었다."[13]

---

11 J. H. Kane, *A Concise History of the Christian World Mission* 박광철 역 (생명의 말씀사, 1981), p. 191

12 그 결과, 기독교인의 비율이 전체의 1퍼센트에도 미치지 못하던 1920년대 등록된 중국의 모든 간호사 가운데 90퍼센트가 그리스도인이었다. K. S. Latourette, *A History of Christian Missions in China* (New York: Macmillan, 1929), p. 362; JHK, p. 191에서 인용

13 George E. Sokolsky, *The Tinder Box of Asia* (Garden City, NY: Doubleday, Doran & Co., 1932), p. 21; J. H. Kane, *A Concise History of the Christian World Mission* 박광철 역 (생명의 말씀사, 1981), p. 191에서 인용

중국의 혁명 지도자 양성

중국에서 활동했던 교육 선교사들은 중국 근대사에 지대한 영향을 끼쳤던 손문(孫文: 쑨원)을 양육했다. 그는 20세기 망국의 위기를 맞은 중국 인민에게 민족, 민권, 민생의 삼민주의(三民主義) 비전을 제시하고 역사적인 공화정을 출범시켰다. 그는 지금도 국민당과 공산당을 비롯, 중국 전 인민의 존경을 받고 있다.

쑨원은 세례교인으로서 정식 교육의 대부분을 개신교 선교사들로부터 받았다.[14] 그러므로 그는 1912년 미국의 보스턴에서 한 연설에서 "(선교사들이) 내 마음에 자유와 해방의 이상을 심어주었다."면서 신해혁명의 생각이 "외국 선교사들과의 깊은 친교에서 왔다."라고 밝힌 바 있다.[15] 그는 1925년 숨을 거둘 때에도 신실한 믿음을 간직하고 있었다. 그는 임종 시 "나는 예수 그리스도의 제자로서, 악에 대항하여 전쟁을 선포하는 사명을 하나님으로 받았다. 죽는 이 순간에도 내가 그리스도인임을 인민이 알기 원한다."라고 말했다.[16]

---

14 Kenneth Scott Latourette, *A History of Christianity* 윤두혁 역 『기독교사』 (생명의 말씀사, 1980) III, p. 643

15 "사람들은 (신해)혁명이 나로부터 유래되었다고 말한다. 나는 그 주장을 부인하지 않는다. 그러나 그 혁명의 사상이 어디서 나왔는가? 나는 어려서부터 유럽과 미국에서 온 외국 선교사들과 깊은 친교를 가져왔는데, 그들이 내 마음에 자유와 해방의 이상을 심어주었다." Paul E. Kauffman, *Confucius, Mao and Christ* (Hong Kong: Asian Outreach, 1975), p. 118

16 같은 책, p. 127

우리나라 개혁

물설고 낯선 이 땅을 찾아온 선교사들은 구원의 복음을 전했을 뿐 아니라 병원과 학교를 설립하고, 문맹퇴치 및 민중계몽에 힘쓰는 등 대단히 많은 일을 했다. 그 중에서 몇 가지만 추린다면,

- 1885년 광혜원(廣惠院), 곧 이 나라 최초의 근대식 병원을 세웠다. 그 외에도 평양, 원산, 해주, 인천, 부산, 전주 등 주요 도시마다 세워진 최초의 근대식 병원들은 대부분 선교사들에 의해 세워졌다.
- 1887년 최초의 부인전문병원인 보구여관 (保救女館)을 세웠다.
- 1886년 의학생들을 모집하여 이 나라 최초의 근대식 의과교육을 시작했으며, 1899년 최초의 정규 의학교인 제중원 의학교를 설립했다.
- 1885년 한국 최초의 근대식 중등교육기관인 배재학당(培材學堂)을 설립했다.
- 1885년 한국 최초의 근대식 여성교육기관인 이화학당을 설립했다.
- 백정의 인권보호를 호소하는 탄원서를 여러 번 조정에 제출하여 1899년 마침내 신분차별 철폐의 허가를 받아냈다.
- 맹인학교(여자-1903년, 남자-1904년)뿐 아니라 언어 장애자 학교(1909년)를 세움으로써 장애자 교육의 선구자가 되었다.
- 1910년 부산에 이 나라 최초의 나병 수용시설을 세웠다.

미신 거부

'미신'이란 과학적·합리적 근거가 없는 신앙체계를 뜻한다. 프랑스가 낳은 천재인 블래즈 파스칼은 "진리는 이성뿐 아니라 마음으로도 알 수 있다."라고 말하고, 기독교를 지성적인 방법으로 권하기 위해 『팡세』를 썼다.[17]

19세기 말 이 땅의 백성 대다수는 미신을 믿었다. 흥선 대원군 같은 국가의 지도자조차 무당 판수와 천신지신을 신봉하여 관악산 꼭대기에다 우물을 파고 구리로 만든 용을 담가두고 국운을 비는 형편이었다. 구한말 우리나라를 서양에 소개했던 국제여행가 비숍 여사는 "조선의 대기엔 정령과 무속의 잡신들이 판을 친다."[18]라고 기록했다.

기독교회가 초창기부터 미신 타파에 앞장섰다. 성황당에서 토지신에게 비는 등의 미신적 신앙을 버릴 것을 권고하고, 지나친 조상숭배나 점보기를 금하며, 집안의 복주나 토주, 삼신항아리를 처분할 것을 교인들에게 격려했다.

---

17 출판된 『팡세』의 표지를 보면, "신앙과 기타 논제에 대하여"라는 부제가 붙어있다.
18 *Korea: People, Country and Culture* ed. by Keith Howard (London: The School of Oriental and African Studies, 1996), p. 135

신사참배라는 미신 거부

일제강점기에 일본인들은 이 땅의 마을마다 신사(神社)를 세우고, 사람마다 신사로 가서 그들의 국조신에게 절할 것을 요구했다. 그 결과, 일제말기엔 대부분의 한국인들이 일본의 국조신 앞에 머리를 조아렸다. 일본을 찬양하는 기도를 웅얼거리며, 천황의 신성을 인정하는 의미에서 동방을 향해 요배했다. 가정에서도 가미다나(神棚: 일본의 시조신이 들어있다는 나무상자)를 두고 아침마다 그 앞에 경배했다.

대부분의 사람들이 일본 신에게 머리를 조아릴 때 이 미신을 거부함으로써 우리의 자존심을 그나마 지켜준 것은 소수의 그리스도인들이었다. 일본경찰의 발표에 따르면, 신사참배 강요가 절정에 달했던 무렵 육 개월 동안에 무려 6만 명의 그리스도인들이[19] 이러한 칙령을 무시함으로써 체포되어 감금되었다. 신사참배를 거부하다가 순교한 사람은 50여 명으로 추정된다.[20] 1930년대 많은 기독교 미션계 학교들이 신사참배 거부로 폐교당했다.

---

19 T. Stanley Soltau, Yin Yang, *Korean Voices* (Wheaton, IL: Key Publishers, 1971), p. 146
20 김남식, 『신사참배와 한국교회』 (새순, 1990), p. 7

PART 2
윤리정립

도덕의 안정된 기반 제공

　제2차 세계대전에서 패배한 나치의 지도자들은 유대인 집단학살 혐의로 기소되었다. 그러나 그들은 연합국의 검사들에게 꿀릴 것이 없었다. 왜냐하면 그 이전에 독일의 대법원은 유대인들을 사람으로 취급할 수 없다고 판결했기 때문이다. 그러므로 전범들이 "우리는 이 나라의 법에 따라 행동했을 뿐"이라면서 "왜 당신네 사회의 도덕을 우리에게 강요하는가?"[1]라고 대들자, 상대적 윤리에 익숙했던 연합군 측의 검사들은 할 말을 찾지 못했다.

　인본주의는 어떤 것이 옳고 그른지를 말할 수 있는 일관성 있는 근거나 절대기준이 없다. 시대와 상황에 따라 변하는 상대윤리를 갖고 있을 뿐이다. 인간을 지으시고 심판하시는 하나님, 곧 절대적인 도덕률을 부여하신 하나님을 믿는 기독교가 인간 윤리의 안정된 기반을 제공한다. 철학자 이마누엘 칸트는 『실천이성 비판』에서 "하나님과 자유와 영원한 생명이 도덕생활의 본질적인 요소"[2]라고 밝힌 바 있다.

1　John Warwick Montgomery, *The Law Above the Law* (Minneapolis, Minn.: Bethany House, 1975), pp. 25f

2　칸트는 처음 『순수이성 비판』에선 인간의 경험을 초월하는 하나님을 인간이 알 수 없다고 했으나 나중에 『실천이성 비판』에선 "형이상학으로는 도달할 수 없지만, 도덕에 있어 하나님과 자유와 영원한 생명은 절대적으로 필요한 것"이라고 말했다.

인생의 의미와 목적 부여

무신론 철학자 사르트르의 소설들은, 다른 무신론적 실존주의자들의 작품과 마찬가지로 어둠, 무의미, 절망으로 가득했다. 그는 결국 "신이 존재하지 않는다면 인간은 영적인 본향이 없이, 추구할 만한 아무 목적도 없이 공허한 우주에 혼자 서게 된다."[3]면서 괴로워했다. 내적 갈등에 시달리던 끝에 그가 토해낸 말은 세상을 놀라게 했다. "신은 침묵하시지만, 나는 부인할 수 없노라―내 속의 모든 것들이 신의 존재를 요청하고 있음을."(1947년)[4]

인생의 의미와 목적이 빠진 도덕은 사상누각이며, 철학자가 아무리 공들여도 도덕을 독자적으로 창출할 수는 없다. 도덕관념이 이 세상에 들어온 것은 철학이나 사색을 통해서가 아니라 종교를 통해서였다. 참된 종교가 건전한 도덕을 창출하며, 건전한 도덕은 참된 종교에서 나온다.[5] 역사적으로 성경처럼 인류에 도덕적 영향력을 끼친 문서는 없다.

---

3 Charles I. Glicksberg, *Literature and Religion* (Dallas: Southern Methodist University Press, 1960), p. 221; *Christianity and the World of Thought* ed. by Hudson T. Armerding (Chicago: Moody Press, 1968), p. 48
4 위와 같음.
5 Chr. Ernest Luthardt, *Apologetic Lectures on the Moral Truths of Chrisitianity* trans. into English by Sophia Taylor (Edinburgh: T. & T. Clark, 1876, 2nd ed.), pp. 18f

사회 기강을 바로 세움

1789년 프랑스 혁명을 주도했던 무신론자들은 종교말살을 국가정책으로 채택했다. 수많은 교회가 파괴되었고 성직자들이 쫓겨나거나 죽임을 당했다. 혁명 정부의 지도자들은 성탄절과 부활절을 비롯한 기독교 명절들을 폐지하고, 하나님 대신 '이성의 종교'(la culte de la Raison)를 믿도록 종용했다. 기독교의 전통을 지우기 위해 인민들로 하여금 일주일에 한 번 쉬는 대신에 열흘에 한 번 쉬도록 했으며, 묘지 바깥에 "죽음이란 영원한 잠"이란 푯말을 내걸었다.[6]

그러나 얼마 후 사회기강이 극도로 문란해지자, 혁명 지도부는 기독교에 대한 박해를 중지시켰을 뿐 아니라 종교의 자유를 허용했다. 공포정치를 이끈 로베스피에르 같은 혁명 지도자조차도 종교적 박해는 사회혼란의 근원이란 점,[7] 영혼불멸을 믿지 않고 죽음으로 모든 것이 끝이라는 생각이 사람들 마음을 지배하는 한 프랑스는 결코 도덕적인 나라가 될 수 없다는 점을 깨달은 것이다.

---

6 A. Goodwin, *The French Revolution* (London: Arrow Books, 1959), p. 167
7 같은 책, p. 170

지울 수 없는 도덕적 감화력 남김

오늘날 서양인의 도덕적 심상(心像)에 남긴 기독교의 자국은 워낙 또렷해서 기독교 외에 다른 요소가 영향력을 미쳤다고 주장한다면, 부질없는 말장난으로 여겨질 정도다.[8] 케임브리지 대학에서 교편을 잡고 있는 존 케이시는 서방 사회의 윤리가 완전히 비(非)기독교적인 사고방식으로 돌아가는 것은 불가능하다고 말했다.[9] 역사가 토인비는 "기독교는 서양 기독교도의 전유물이 아니었다."[10]면서 "서양의 문명이 사라져버리고 수천 년이 지난다 하더라도 기독교는 여전히 세상에서 생명력 있는 영적 힘으로 남아있을 것이라고 확신하며 예측한다."[11]라고 말했다.

1907년 원산과 평양, 서울에서 일어나 전국에 파급되었던 한국의 기독교 대부흥 역시 도덕적 갱신의 결단을 불러일으켰다. "교인들은 모두가 다투어 죄를 통회 자복했으며 완강한 어른이 어린애처럼 곡하는 참회의 물결이 세차게 흘렀다."[12]

---

8 John Casey, *Pagan Virtue* (Oxford: Clarendon Press, 1991) vi
9 같은 책, p. 226
10 Arnold J. Toynbee, *Christianity Among the Religions of the World* (London: Oxford Univ. Press, 1958), p. 63
11 위와 같음.
12 J. F. Preston, "A Notable Meeting", *The Missionary*, 1907년 1월, p. 21; 민경배, 『한국 기독교회사』(대한기독교출판사, 1986, 5판), p. 254에서 재인용

인류의 도덕 향상에 기여

하버드 대학의 로렌스 스테이저 교수는 로마의 주요도시 중 하나였던 아슈켈론 유적지를 발굴한 결과, 그리스도인들이 거주했던 부락들의 도덕 수준이 인근 도시들에 비해 훨씬 높았음을 발견했다고 『내셔널 지오그래픽』지에 보고했다.[13] 『로마제국의 쇠퇴와 멸망』을 썼던 저명한 역사학자 에드워드 기번도 기독교가 초기에 성장할 수 있던 요인으로 그리스도인들의 순수한 도덕성을 꼽으면서 "그들은 거룩의 모범이 되었으며, 육신의 유혹에 끄덕하지 않았다."[14]라고 평가했다.

독일의 지성 괴테는 "가장 큰 찬사는 기독교에 돌려져야 한다."면서 "기독교는 사명감, 형제애, 사람의 필요를 채워주는 가족적인 우정 등 본래의 경탄할 만한 특성을 계속 보여줌으로써 그 기원이 순결함을 언제나 입증해 왔다."[15]라고 말했다. 인류의 도덕 향상에 기독교만큼 오랜 세월에 걸쳐 지속적으로 크게 기여한 종교나 조직 및 단체는 없을 것이다.

---

13 National Geographic, 2001년 1월호, p. 86

14 Roy Porter, Edward Gibbon, *Making History* (London: Weidenfeld and Nicolson, 1988), p. 122

15 Westost, Divan, Chr. Ernest Luthardt, *Apologetic Lectures on the Moral Truths of Chrisitianity* trans. into English by Sophia Taylor (Edinburgh: T. & T. Clark, 1876, 2nd ed.), p. 262에서 재인용

"유대-기독교의 구원역사를 이해하지 못한 채로,
우리 유럽인들의 도덕이나 윤리적 생활, 인격이나 개성,
자유나 해방 같은 개념을 제대로 이해한다는 것은
불가능하다."[16]

– 위르겐 하버마스(독일의 철학자)

"유럽인종에게 친절, 순종, 겸손, 인내 등의 미덕을
가르친 것은 기독교가 처음이었다.
그 미덕이 야만인들을 온순하게 만들고,
타락한 세상의 난폭성을 완화하는 역할을 했다."[17]

– 윌 두런트(미국의 역사가, 문필가)

"기독교 신앙의 중요한 교리를 받아들인 아메리카인들은
기독교에서 연유하거나 기독교와 관련되는 많은 도덕률을
당연하게 의무적으로 받아들인다."[18]

– 알렉시 드 토크빌(프랑스의 역사학자)

16 Habermas, *Postmetaphysical Thinking: Philosophical Essays*, 1992; Helena Kennedy, in *Christian Values* ed. by Edward Stourton and Frances Gumley, 1996, p. 8
17 Will Durant, *The Age of Faith* (New York: Simon and Schuster, 1950), p. 76
18 Alexis de Toqueville, *De la démocratie en Amérique* 임효선 · 박지동 역 「미국의 민주주의」 (한길사, 1997), p. 567

철학자 이마누엘 칸트의 묘비. "골똘히 생각하고 또 할
수록, 내 심사를 새록새록 점점 더 많은 경탄과 경외감
으로 채우는 것은 내 위의 별 반짝이는 하늘과 내 속의
도덕법이다."라고 적혀있다. 누가 하늘의 별과 인간의
양심을 만들었는지 칸트는 알고 있었다. 그는 "하나님
과 자유와 영원한 생명이 도덕생활의 본질적인 요소"라
고 말한 바 있다.

PART 3
생명존중

인도에서는, 남편이 죽으면 홀로 남은 아내를
함께 불에 태워 죽이는 '사티'라는 악습이 오랫동안
존재해왔다. 윌리엄 캐리를 비롯한 선교사들이 오랫동안
반대운동을 벌이자, 식민지 정부가 법으로
사티를 금지시켰다.

검투사 경기 종식

로마시대 검투사(gladiator)들의 결투는 여흥을 위한 살인이었다고 해도 지나치지 않다. 검투사들은 노예나 범죄자 출신으로서 관중의 야비한 흥미를 만족시키기 위해 목숨을 걸고 동료 검투사 또는 사자, 호랑이, 곰 같은 맹수와 맞붙어야 했다. 때로는 전쟁포로들이 편을 갈라서 경기장에서 피 튀기는 결투를 벌였고, 자신의 목숨을 지키기 위해 이전에 동료였던 친구들을 찔러 죽여야 했다.

그리스도인들은 이 인기 여흥물을 시종일관 비난했다.[1] 교회는 검투사에게 세례를 주지 않았으며, 이 경기를 참관한 사람에겐 성찬을 거부했다.[2] 설교자들과 그리스도인 문필가들도 격한 어조로 이 경기를 비난했다. 이 잔혹한 경기를 공식적으로 폐지시킨 황제는 기독교를 공인했던 콘스탄티누스였다. 합리주의 역사가 레키는 이 살인 오락물을 끝장낸 것은 "거의 전적으로 교회의 공로였다." 라고 평가했다.[3]

---

1 R. J. Cootes and L. E. Snellgrove, *The Ancient World* (London: Longman Group Ltd., 1978), p. 153

2 W. E. H. Lecky, *History of European Morals* (London: Watts Co., 1946) ii, p. 16

3 William Norris Wysham, *Christians, Claim Your Heritage* (New York: World Horizons, Inc., 1967), p. 89

인신 제사 종식

전쟁에서 승리한 다음 포로들을 죽여 신들에게 바치는 관습은 유럽 각국 및 중국과 인도, 심지어 지금의 라틴 아메리카의 유적에서도 확인이 된다. 왕이나 권력자가 죽었을 때 멀쩡한 종까지 산채로 묻는 순장(殉葬)의 풍습 역시 거의 전 세계적인 현상이었다. 성경은 인신 제사를 엄하게 금한다. 이스라엘의 선지자들은 이방인들의 그러한 관습을 본받지 말 것을 백성에게 가르쳤다.

고대 잉글랜드와 아일랜드에 살았던 드루이드(Druid)족의 제사장들은 참나무 아래 죄수나 범죄자, 때로는 무고한 사람을 끌어내어 그들의 목 부위를 베어서 피의 흐름을 살펴본 후 점을 쳤다. 이 가공할 만한 인신 제사와 미신이 사라진 것은 기독교가 들어오면서부터였다.[4]

유럽뿐 아니라 아프리카에서도, 인도에서도, 중남미에서도 인신 제사가 사라진 시기는 기독교의 유입과 거의 일치한다.

---

[4] Encyclopaedia Britannica 15th ed., 1984, micro. iii. *Druids* 참조

악습인 '사티' 폐지

인도에서는, 남편이 죽으면 홀로 남은 그의 아내에게 남편의 시신을 태우는 장작더미 위에 누워서 남편과 함께 불에 타 죽을 것을 요구하는 '사티'라는 악습이 오랫동안 존재해왔다. 울부짖는 아내를 친척이 강제로 끌어내어 시체 옆에 뉘인 다음 함께 태워 죽이는 참극이 끊이지 않았다. 기독교 선교사 윌리엄 캐리가 사티의 폐지에 결정적인 역할을 했다.

그가 조사한 바에 따르면, 1802년 한 해 동안 캘커타 주위 50킬로미터 반경 안에서만 4백 38명의 과부가 '사티'의 희생자로 불에 타 죽었다. 이러한 수치를 근거로 캐리는 식민지 정부에 사티 관습을 금지시킬 것을 탄원했다. 식민지 정부는 인도인의 감정을 자극할 것을 우려하여 한참을 망설였다.

힌두교 지도자들의 반대에도 불구하고 선교사들은 폐지운동을 벌였고, 마침내 1829년 인도의 식민지 정부는 법으로 사티를 금지시켰다.[5]

---

5 *A Comprehensive History of Modern India* ed. by P. N. Chopra (New Dehli: Sterling Publishers, 2003), pp. 105ff

낙태 반대

고대시대에도 낙태약품과 전문적인 낙태시술사가 있었으며, 낙태의 가장 흔한 이유는 불륜 성관계를 감추기 위해서였다.[6] 로마시대엔 이런저런 이유로 낙태가 크게 성행하여 인구가 줄어들었으므로 황제들은 국방력이 약화될까 봐 우려할 정도였다.[7]

기독교회의 지도자들은 처음부터 낙태를 꾸짖었다. 초대교회의 문서 「디다케」는 낙태자를 '죽음의 길'에 들어선 자로 간주하여 살인자, 강도, 위선자와 똑같이 취급했으며,[8] 교부들도 낙태를 하나님이 지으신 생명을 파괴하는 살인죄로 정죄했다. 그러므로 그 시대의 사람들은 그리스도인이라면 당연히 낙태하지 않는다고 이해했다.[9] 낙태에 대한 기독교의 반대 입장은 종교개혁을 통과해서 오늘에 이르렀다. 기독교회는 일관해서 생명을 존중하는 윤리(Pro-life Ethic)를 가르치고 준수해왔으며,[10] 지금도 그리스도인들은 세계 각처의 낙태 반대운동에 매우 중요한 역할을 하고 있다.

---

6 Michael J. Gorman, *Abortion & the Early Church* (Downers Grove, IL: IVP, 1982), p. 15

7 Will Durant, *Caesar and Christ* (New York: Simon and Schuster, 1944); Michael J. Gorman, *Abortion & the Early Church* (Downers Grove, IL: IVP, 1982), p. 15

8 *Didache* 5.1–2; Michael J. Gorman, *Abortion & the Early Church* (Downers Grove, IL: IVP, 1982), p. 49

9 Williston Walker, *A History of the Christian Church* 송인설 역 『기독교회사』 (크리스챤 다이제스트, 중판 1993), p. 58

10 Michael J. Gorman, *Abortion & the Early Church* (Downers Grove, IL: IVP, 1982), p. 90

세계 각국의 낙태 반대(pro-life)운동 로고로, 기독교회는 일관해서 생명을 존중하는 윤리를 가르치고 준수해왔으며, 지금도 그리스도인들은 세계 각처의 낙태 반대운동에 중요한 역할을 하고 있다.

PART 4
노예해방

만인평등 전파

고대사회에서 노예는 근동, 아프리카, 중국, 인도, 유럽, 아메리카 대륙 등 인간이 사는 곳이면 어디서나 존재했다. 예수님이 세상에 오셨을 무렵, 로마엔 자유인 한 사람당 2.8명의 노예가 있었다. 그리스의 철학자 아리스토텔레스가 "어떤 이는 태어날 때부터 자유인이요, 어떤 이는 노예임이 분명하니 후자의 경우 노예상태가 본인에게 유익하며 적합하노라."라고 한 말은 인류의 뿌리 깊은 교만과 차별의식을 보여준다.

신약성경은 "너희는 유대인이나 헬라인이나, 종이나 자유인이나, 남자나 여자 없이 다 그리스도 예수 안에서 하나니라."[1]라고 선언함으로써 인간차별의 문제를 근본적으로 없앨 수 있는 길을 활짝 열어놓았다. 성경의 가르침에 따라 교회는 인종, 성, 신분에 구별 없이 모든 사람에게 세례를 주고 성찬을 베풀며 예배와 교제로 맞아들여야 했다. 교회가 그 가르침에 순종하는 한 차별이 사라지는 것은 시간문제에 불과했다.

---

1 갈라디아서 3:28

노예 인권운동 개시

노예제도는 인간사회에 워낙 깊이 뿌리박혀 있어서 그 뿌리를 제거하는 데 많은 시간이 걸렸다. 그러나 인간평등을 가르치는 복음의 빛은 인간의 양심에 스며들어서 노예제도를 무너뜨리기 위한 움직임을 촉발시켰고, 소기의 목적을 이루기까지 그 활동을 멈추지 않았다.

사도헌장은 "상전은 그 신분에 상관없이 그 종을 사랑할 것이며, 그도 인간이니 만큼 동등하게 여길지어다."[2]라고 명령했다. 또 노예들이 교회에 가서 말씀을 배울 수 있도록 토요일과 주일에 쉬게 하고 일주일에 닷새만 일하게 하라고 지시했다.[3]

노예를 위한 인권운동은 교회에서부터 비롯되었다. 교회는 고대사회의 다른 법들과는 달리 자유인과 노예 사이의 혼인을 허락했고,[4] 범죄의 처벌에 있어서 노예와 자유인들 사이에 차등을 두지 않았으며, 노예도 교회의 임직을 맡을 수 있게 했다.[5]

---

2 사도헌장, bk. iv. 12. 이 헌장의 대부분은 3세기에 작성되었다. Charles Harris, *Pro Fide* (London: Hazell, Watson & Viney, 1923, 3rd ed.), p. 512에서 인용
3 사도헌장, bk. viii. 33
4 *I. Conc. Tolet.* c. 17; S. Cheetham, *A History of the Christian Church during the First Six Centuries* (London: Macmillan and Co. Ltd., 1905), p. 389
5 Kenneth S. Latourette, *A History of the Expansion of Christianity* (New York: Harper & Row, 1970), vol. 1, pp. 262f

노예제도 폐지에 시동

기독교로 개종했던 첫 번째 로마 황제 콘스탄티누스는 312년 노예보호법을 만들었으며, 316년 "노예상전은 기독교 성직자의 인도를 받아 교회의 회중 앞에서 노예를 풀어줄 수 있다."라는 법을 반포했다.[6] 중세시대에도 노예해방을 향한 진전이 조금씩 이뤄졌으며, 교회는 노예를 풀어주는 관습을 경건한 품행의 하나로 인정했다.[7]

12세기에 접어들면서 대부분의 유럽 기독교 국가에서 노예제도는 하나님의 법에 어긋난다는 여론이 확산되면서 노예제도가 힘을 잃기 시작했다.[8] 교회협의회는 1102년 런던에서 노예매매를 금지시켰다. 제3차 라테란 교회협의회(Lateran Council)는 1179년 전체 교회의 이름으로 그리스도인은 노예가 될 수 없다고 선언했으며, 13세기 이탈리아의 볼로냐 시는 기독교의 이름으로 농노를 해방시켰다. 노예제도는 14세기에 들어서면서 유럽에서 일단 자취를 감추게 된다.[9]

---

6   Brace, *Gesta Christi*, pp. 53f; Charles Harris, *Pro Fide* (London: Hazell, Watson & Viney, 1923, 3rd ed.), p. 514에서 인용

7   W. E. H. Lecky, *History of European Morals* (London: Watts & Co., 1946) ii. p. 30

8   Charles Harris, *Pro Fide* (London: Hazell, Watson & Viney, 1923, 3rd ed.), p. 514

9   Muratori, *Hallam's Middle Ages*, ch. ii. part ii; W. E. H. Lecky, *History of European Morals* (London: Watts & Co., 1946), p. 31

노예무역 반대

노예제도가 서유럽에서 되살아난 것은 이 지역 국가들이 아메리카 신대륙을 발견한 뒤 15세기 말 식민지 사업을 시작하면서부터였다. 아프리카 흑인들을 사냥하듯 납치해서 신대륙의 식민 사업자에게 팔아넘기는 노예무역은 포르투갈과 스페인에서 시작해서 프랑스와 영국으로까지 번져나갔다. 오물 투성이인 비좁고 비위생적인 배 안에서 노예들 가운데 더러는 미쳐버렸으며, 10분의 1은 목숨을 거두었다.

이 흑인 노예무역을 처음으로 폐지한 나라는 개신교의 영향을 크게 받고 있던 영국이었으며, 그 선구자는 감리교의 창시자 존 웨슬리였다. 그는 『노예제도에 대한 생각』이라는 책자에서 "노예 소유는 기독교 윤리와 상충할 뿐 아니라 인간의 타고난 정의심에도 어긋나는 것"이라고 선언하고, "노예를 사는 자는 사람을 훔치는 자와 다름없다."라고 말했다.[10] 이는 노예무역이 법으로 보호받고 있던 18세기 시대 상황에서 매우 수위가 높은 발언이었다.

---

10 John Wesley, *Thoughts on Slavery*, 1774; J. Edwin Orr, *The Light of the Nations* (Exeter, UK: The Paternoster Press, 1965), p. 83

노예무역 근절 위해 노력

19세기 영국 선교사 데이비드 리빙스턴은 아프리카의 오지를 구석구석 탐험하면서 노예사냥 및 매매의 끔찍한 실상을 보았다. 노예상인이 한 흑인여자를 아기 없는 홀몸으로 만들어 비싼 값에 팔아넘기기 위해 그 아기의 발을 붙잡아 배의 측면에 내리쳐서 그 머리를 부수는 일도 있었다.[11] 그는 귀국 후 노예무역의 참상을 생생히 증언하여 영국의 양심을 깨움으로써 노예무역 폐지에 크게 이바지했다.[12]

그는 탐험대원들에게 "노예를 끌고 가는 상인들을 만나거든 그들을 멈추게 해서 노예들을 풀어주라."라고 지시했으며, 실제로 노예상인들과 무장대원들을 습격하여 한꺼번에 84명의 노예들을 해방시킨 적도 있었다. 남아프리카에서 선교사로 활동할 때 그가 인종차별을 비난하자, 그곳의 백인우월자들은 그를 추방시켰다.[13] 리빙스턴의 활약에 힘입어 노예무역은 1900년에 들어서면서 동부 아프리카에서 자취를 감추었다.[14]

---

11 Richard Hall, *Discovery of Africa* (London: Hamlyn, 1970), p. 112
12 Justo L. Gonzalez, *The Story of Christianity* 서영일 역 『근대교회사』 (은성, 5쇄 1991), p. 135
13 Ted Olsen, *One African Nation Under God*(CT, February 4, 2002), p. 43
14 S. E. Gunn, *Journey through History* vol. 2 (London: Edward Arnold Publishers, 1958), p. 152

노예무역 금지

19세기 초 대영제국 안에서 노예폐지 운동을 선구적으로 주장하고 조직했던 이들은 거의 대부분 복음주의 부흥기간에 감화를 받은 이들이었으며,[15] 이 운동을 주도한 인물은 복음주의자인 동시에 입법의원인 윌리엄 윌버포스였다.

그의 열정에 힘입어 1833년 의회는 노예무역업자들의 집요한 반대공작에도 불구하고 영국의 모든 식민지에서 노예를 해방시키도록 하는 법안을 통과시켰다. 복음주의자들은 이 조치에 만족하지 않고, 영국에 남아있던 흑인 중 본토로 돌아가길 원하는 이들을 위해 아프리카에 정착촌을 만들어 필요한 자금을 대주었다.[16]

영국의 교회들과 정부는 윌버포스의 활약에 힘입어 놀랄만한 결단과 인내로 이웃 나라들에게 노예무역 철폐를 설득했고, 그 결과 유럽 각국은 1815년 빈에 모여 노예무역 규제법에 합의했다.[17] 이 모든 일에 기독교도의 양심이 작용했다. 노예제도 반대운동을 추진시켰던 힘의 근원은 기독교 신앙이었다.[18]

---

15 J. Edwin Orr, *The Light of the Nations* (Exeter, UK: The Paternoster Press, 1965), p. 83

16 Jonathan Hildebrandt, *History of the Church in Africa* (Achimota, Ghana: Africa Christian Press, 1981), pp. 77f

17 Arthur Nussbaum, *A Concise History of the Law of Nations* (New York: Macmillan, 1947), p.180

18 Encyclopaedia Britannica 15th ed., 1984, macro. vol. 16, *Slavery, Serfdom and Forced Labor*, p. 862

미국의 노예해방 운동 주도

흑인 노예제도를 폐지하는 데 있어 기독교의 양심과 결단은 가장 주요한 요인이었다.[19] 미국에서 청교도들은 처음부터 노예제도를 반대했다. 브리태니커 백과사전은 "청교도들은 노예제도와 맞서 싸웠다."라고 평한다.[20]

서구 지성인들의 잡지인 『내셔널 지오그래픽』은 흑인노예들을 자유의 땅인 캐나다로 빼돌리기 위해 수많은 교인들이 교회와 집을 제공했으며,[21] 노예를 돕던 수천의 사람들 중에서 특히 백인 개혁자와 성직자들이 큰 이바지를 했다고 논평했다.[22] 실제로 1835년 당시 전국적인 노예제도 철폐협회의 회원 중 3분의 2가 목사였다.[23] 특히 1820~30년대의 복음주의 부흥이 노예제도 폐지운동을 활성화시켰다.[24] 기독교의 양심을 가진 이들이 노예 및 그 자손들을 보호하고 해방시켰을 뿐 아니라 그들이 이 변화에 잘 적응하여 나라에 공헌할 수 있도록 도왔다.

19 Kenneth Scott Latourette, *A History of Christianity* 윤두혁 역 『기독교사』 (생명의 말씀사, 1980) Ⅲ, p. 415
20 Encyclopaedia Britannica 15th ed., 1984, macro. vol. 4, *Christianity: The relationship between the Christian or Christian Institutions and the Socio-economic Order*
21 National Geographic, 1984년 7월호, p. 9
22 같은 책, p. 13
23 *Liberty*, September/October 1984; D. James Kennedy, *What if the Bible had Never Been Written* (Nashville, TN: Thomas Nelson, 1998), p. 13에서 인용
24 Encyclopaedia Britannica 15th ed., 1984, micro. vol. 8, *Prohibition*

문서로 노예해방 여론 확산

존 랭킨은 장로교 목사였는데, 40년간 수많은 노예들을 피신시켰다. 어느 겨울 저녁 랭킨 목사의 집으로 피신했던 한 여자노예가 노예상인의 추적을 피하기 위해 아기를 안고 얼음조각이 떠있는 강을 건넜다는 이야기를 듣고 영감을 얻은 해리엇 스토 여사는 자신의 신앙을 담아 『톰 아저씨의 오두막집』이란 소설을 썼다.

그녀가 쓴 『톰 아저씨의 오두막집』은 1852년 출판된 후 미국의 양심에 불을 질러 노예제도 폐지론자들에게 큰 힘을 실어주었다.[25] 그 후 노예해방 전쟁이 터지자, 에이브러햄 링컨 대통령은 스토 부인을 접견하고 "이 큰 (남북) 전쟁을 일으킨 책을 썼던 작은 여인이 바로 당신이었군요."라고 말한 바 있다.

컴프턴 백과사전은 "미국 역사상 스토 부인의 『엉클 톰스 캐빈(톰 아저씨의 오두막집)』보다 더 직접적이고 강력한 영향력을 끼친 책은 없다."라고 평가했다.[26]

---

25 J. Edwin Orr, *The Light of the Nations* (Exeter, UK: The Paternoster Press, 1965), p. 19
26 *Compton's Pictured Encyclopedia and Fact-Index* (Chicago: F. E. Compton Co., 1965), 13:483

미국의 흑인노예 해방

　미국의 제16대 대통령으로서 '위대한 해방자'라고 불리는 에이브러햄 링컨은 "다른 사람의 자유를 거부하는 자는 공정하신 하나님 앞에서 자신의 자유를 오래 유지할 수 없다."라고 말함으로써 노예제도를 반대하는 자신의 입장을 밝혔다. 그는 "성경이 없다면 무엇이 옳고 그른지 분별할 수 없다."라고 말한 바 있다.

　그가 대통령에 당선된 직후 노예제도의 존속을 지지하는 남부와 반대하는 북부 사이에 내전이 발생했다. 이 전쟁에서 북군이 승리하고 헌법이 개정됨으로써 미국의 노예제도가 폐지되었고, 4백만 명의 흑인노예가 해방되었다. 기독교도의 도움이 컸다는 것을 깨달은 흑인들은 해방 이후 급속히 교회에 편입되었다. 흑인 교회는 그들 공동체의 중심지였으며, 목사는 흑인사회에서 가장 존경받는 지도자였다. 흑인 가운데 등록교인 비율은 해방 전 11.7퍼센트(1860년)에서 해방 후 백인과 동등한 44.2퍼센트(1916년)로 증가했다.[27]

---

27 Kenneth Scott Latourette, *A History of Christianity* 윤두혁 역 『기독교사』 (생명의 말씀사, 1980) III, p. 390

PART 5
평등구현

전족이란 여자아이의 발이 성장하지 못하도록 헝겊 등으로
묶어두는 중국의 오래된 풍습으로, 발을 심하게 변형시키고 걸음걸이에
지장을 초래했다. 19세기 말 중국의 선교사들은 전족을 철폐하고
여자에게도 배울 기회를 주자는 운동을 전개했는데, 이 두 가지 주장을
중국인들은 빠른 속도로 받아들였다.

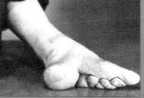

여성의 지위 향상

복음이 전파되기 이전에 세상의 법은 거의 어디서나 여자를 남자보다 열등한 위치에 두었으며 그 인권을 소홀히 취급했다. 그리스도인들은 여자나 남자나 하나님 앞에서 평등하다는 성경의 가르침을 받아들임으로써 시대의 선각자가 되었다. 초기 기독교 공동체 안에는 여성의 틀림없는 지위 향상이 있었으므로 모든 계층의 여자들이 교회에 모여들었다.[1]

종교개혁은 여성의 인권을 획기적으로 향상시켰다. 대부분의 나라에서 절대다수의 여자들이 문맹이던 시절, 개신교회는 여성에게도 문자습득을 가르쳐서 성경을 읽고 그 가르침을 따라 살도록 장려했다. 예일 대학의 도널드 케이건, 하버드 대학의 스티븐 오즈먼트 교수 등은 이러한 종교개혁자들이 주도했던 교육 확대와 여성들의 자각이 "오늘날의 시각에서 보면 미미한 진전 같지만 여성이 누려야 할 자유의 확장으로 나아가는 데 있어서 중요한 기여를 했다."라고 논평했다.[2]

---

1 M. I. Finley, *The Silent Women of Rome* in Stanley Chodorow; Univ. of Calif. *The Other Side of Western Civilization* vol. 1 (New York: Harcourt Brace Jovanovich, 1973), p. 25

2 Donald Kagan, Steven Ozment, Frank M. Turner, *The Western Heritage*, 2nd ed. (New York: Macmillan, 1983), p. 430

전족(纏足) 철폐운동

전족이란 여자아이의 발이 성장하지 못하도록 헝겊 등으로 묶어 두는 풍습인데, 중국에서 1천 년 전부터 지속되었다. 그 상태로 성장한 여인의 발은 심하게 변형되고 걸음걸이에 지장을 초래했지만, 일반 민중은 전족을 하지 않은 여인을 야만하다고 여겼다.

19세기 말 선교사들은 전족을 반대하고 여성에게도 배울 기회를 주자는 운동을 전개함으로써 중국 여성의 인권 향상에 기여했다. 우선 이들은 미션 스쿨에 다니던 여학생들에게 발을 묶는 헝겊을 풀어버릴 것을 권고했다.[3] 한편 선교사의 지도를 받던 아홉 명의 중국 여자 노동자들이 1874년에 중국 최초의 전족 반대협회를 조직하고 사회계몽에 착수했다. 이어서 중국의 기독교 여성의사들이 전족 반대운동에 동참했으며, YWCA를 비롯한 기독교 단체들이 생리나 임신, 출산에 관해 민간에 뿌리 박혀 있던 미신 및 금기에 맞서 건강 및 위생에 관해 올바른 지식을 전파하는 운동을 펼쳤다.[4]

---

3 Kwok Pui-lan, *Chinese Women and Protestant Christianity* in CIC, pp. 204f
4 같은 책, p. 205

조선 여성에게 사회활동의 길 터줌

19세기에 프랑스의 클로드 샤를 달레 신부는 조선의 아낙네들에 대하여 "그들은 남편 허가 없이는 외출도 할 수 없으며 거리에 눈길을 던질 수도 없다."라고 기록했다.[5] 실제로 한국 여성들은 유교의 가부장적 질서에 예속되어 사회의 중심으로부터 차단된 생활을 하고 있었다. 절대다수가 문맹이었으며 집안의 온갖 허드렛일을 떠맡아서 종처럼 살아야 했다.

소외되고 억눌렸던 한국 여성에게 기독교의 복음은 해방의 빛이었다. 기독교는 외출이 부자유했던 여성들에게 교회를 발판으로 삼아 사회활동을 할 수 있는 통로를 터주었다. 여성들은 교회를 출입하면서 자신이 사회의 일원임을 자각했을 뿐 아니라 남녀가 평등하다는 근대의식에도 눈을 뜨게 되었다.

춘원 이광수는 "(여자들이) 하나님 앞에 (남자들과) 동등한 자녀라는 사상을 얻게 됨은 예수교회의 덕"이라고 평했다.[6]

---

5   Charles Dalet 안응렬, 최석우 역 『한국천주교회사 上』, pp. 166–185; 전택부, 『한국교회발전사』(대한기독교출판사, 1987), p. 72
6   이광수, "前揭論文" 『青春』, 1917년 7월호

조선 여성에게 교육받을 기회 제공

한국교회 지도자들과 선교사들은 남녀평등의 이상을 실현하기 위해 여성들에게 우선 필요한 것은 교육이라고 생각했다. 그래서 19세기 말 「대한그리스도인 회보」는 "집안이 흥함과 나라의 부함과 백성의 강함이 전국 여인을 교육시키는 데 달렸다."[7]라고 주장했다.

선교사 스크랜턴은 1885년 한국 최초의 여성교육기관인 이화학당을 세웠다. 당시 유교적 사회체제는 딸에게 배울 기회를 전혀 허용하지 않았으므로 미국의 감리교 선교부는 여성 교육을 장려하기 위해 10세 이상의 여자아이들이 입학할 경우 모두에게 전액 장학금을 지급했다.[8]

많은 교회들이 '까막눈'이던 여성들을 위해 한글과 한자를 가르쳤다. 배움에 굶주렸던 여성들이 각 지역별로 일주일씩 열리곤 하던 성경공부 모임에 수백 명씩 하루도 빠짐없이 참석했으며, 이와 더불어 진행되던 한글강습에서 읽고 쓰는 법을 습득하곤 했다.[9]

---

7 「대한그리스도인 회보」 광무 3년(1899), 제3권 제7호
8 백낙준, 「한국 개신교 선교사, 1832~1910」 (서울: 연세대학교, 1973), p. 139
9 Mrs. E. H. Miller, *Hungry to Learn Korea Mission Field*, 1907

여성 신자의 독립운동과 사회계몽 참여

교회를 통해 인권과 자유를 체득했던 여성 그리스도인들이 일제의 강압에 맞선 투쟁에 용감하게 앞장섰음은 결코 놀라운 일이 아니다.

일제 헌병대의 3·1운동 관계 피검자의 통계에 따르면, 여성 피검자의 경우 그리스도인이 65.6퍼센트였다. 당시 총인구에서 그리스도인이 1.5퍼센트에 지나지 않았던 것을 생각하면, 기독교가 한국 여성의 사회의식 발전에 얼마나 큰 역할을 했는지 쉽게 알 수 있다.

여성 그리스도인들은 사회문제에 관심을 가지고 조직적으로 활동하기 시작했다. 그리스도인이 주축을 이뤘던 근우회의 경우 여성차별 철폐, 조혼 금지 및 결혼의 자유 등 당시 사회에서 상당히 진보적인 개혁을 주장했다. 공산주의자들이 그 마각을 드러내기 전까지 우리나라에서 그리스도인 외에는 조직적으로 민족주의(사회주의와 구별됨) 운동을 벌이는 여성은 없었다고 해도 과언이 아니다.

신분차별 철폐에 앞장섬

교회 안에는 차별이 적었다. 유럽의 이교도들은 예배에서 남녀를 구분하고 노예를 제외시켰지만, 그리스도인들은 구분하지 않았다.[10]

중세시대 서부유럽의 천민은 교회 밖에선 신분상승이 어려웠으나 교회 안에선 훨씬 쉽게 높은 지위에 오를 수 있었다. 하층 가문 출신으로 교황에 올랐던 15세기의 니콜라스 5세가 그 좋은 예다.

평등이란 이상에 도달하기 위한 교회의 달음박질이 본격화된 시점은 종교개혁 이후 선교운동이 일어나 선교사들이 세상 곳곳으로 퍼져나가면서부터다.[11] 인도에서 개신교 선교사들은 신분을 차별하는 카스트 제도가 잘못이라고 선포하고, 성찬을 집례할 때 신분의 높고 낮음을 상관하지 않았다. 사회의 주류로부터 오랫동안 멸시와 천대를 받아왔던 불가촉천민들과 몇몇 종족들이 기독교에서 해방의 진리를 발견하고 복음을 받아들였다.[12]

---

10 Robin L. Fox, *Pagans and Christians* (Harmondsworth, England: Viking, 1986), p. 325

11 Calvin D. Linton in Wycliffe, *Dictionary of Christian Ethics* (Peabody, Mass.: Hendriksen, 2000), p. 214; 교회사가 필립샤프는 종교개혁이 초대교회와 닮은 점이 많다고 했다. 그 어떤 시대보다 위대한 인물이 많이 배출되었고, 중요한 사건들이 많았으며, 영속적인 결과를 맺었다고 한다. 그 개혁의 여파는 현재에까지 밀려왔으며, 앞으로도 지속될 것이다. Philip Schaff, *History of the Christian Church* (Peabody, Mass.: Hendrikson Publishers)-7, p. 1

12 Justo L. Gonzalez, *The Story of Christianity* 서영일 역 「근대교회사」 (은성, 5쇄 1991), p. 124

우리나라 신분차별 철폐에 기여

19세기 말 조선에서 백정은 호적에서 제외된 천민으로 가장 경멸받던 사회구성원이었다. 사무엘 무어 선교사는 백정들의 설움을 안타까이 여기고 그들의 인권보호를 호소하는 탄원서를 여러 번 조정에 제출했던 바 마침내 1894년에 신분차별 철폐의 허가를 받아냈다.

고종 임금의 전의(典醫)로 일하고 있던 올리버 애비슨 선교사는 백정 박가(朴哥)의 집을 방문하여 그의 장티푸스를 고쳐주었다. 감격한 박가의 가족 모두가 복음을 받아들여 수많은 동료 백정을 전도했으며, 박가의 아들 박서양은 우리나라 최초의 의과대학인 제중원 의학교(세브란스의 전신)를 제1회로 졸업했다.[13]

백정들이 자신의 품격을 향상시키기 위해 자녀교육에 전력한 결과, (일반 백성의 진학률이 5퍼센트 미만이던) 1920년 당시 백정 자녀 가운데 40퍼센트가 학교에 다녔다.[14]

---

13 정준모, 「사무엘 F. 선교사 생애와 사상」 (은혜기획: 2000), pp. 84f
14 같은 책, pp. 90–97

식민지의 원주민 학대 반대

16세기 가톨릭 수도사 바르톨로메 데 라스 카사스는 식민지 통치의 불의를 처음 알아차린 백인이었다. 그는 정부를 움직여 인디언 원주민에게 자유와 저항권을 부여하는 법을 제정하도록 했다. 그러나 이 법률은 제국주의자들의 무력반대 때문에 시행되지 못했다.

식민지 관리들의 착취와 만행이 선교사들의 눈에 띄지 않을 리 없었다. 선교사들은 식민지 관리들에게 공의를 행하라며 비판의 소리를 높였다.[15] 역사학자 아널드 토인비는 기독교 선교사들이 식민정책에 방해가 되었기 때문에 "네덜란드나 영국의 무역업자 및 식민지 제국 건설자들은 선교활동을 꺼려했다."[16]라고 말한다.

기독교 선교사들의 양심적 행동이 없었더라면, 백인들이 식민지에서 자행한 숱한 죄악들은 숨겨진 채 드러나지도 않았을 것이라고 해도 결코 과장된 말이 아니다.[17]

---

15 Ruth A. Tucker, *From Jerusalem to Irian Jaya* 박해근 역 『선교사열전』 (크리스챤다이제스트, 1995년 7판), p. 67
16 위와 같음.
17 같은 책, p. 174

식민지 원주민의 인권보호

식민주의자들은 선교사들을 싫어했다. 왜냐하면 많은 선교사들이 식민지 정부의 자원 수탈 및 노동력 착취를 막기 위해 투쟁했기 때문이다. 그래서 네덜란드는 식민지를 개척한 후 3백 년 동안 기독교 선교를 허용하지 않았다.

세계 각처에서 선교사들은 복음전파와 함께 원주민의 존엄성을 높여주기 위해 노력했다. 노예제도에 맞서 싸웠을 뿐 아니라 원주민들의 말에 문자를 만들어주었다. 또 많은 학교를 세우고 운영했을 뿐 아니라 서양의 의술을 끌어들여 토착민들의 병을 고쳐주었고, 기독교적 생활 윤리를 가르쳤다. 호주 원주민들과 뉴질랜드의 마오리족 사람들이 유럽에서 온 이민자들의 학살과 학대 및 착취, 그들이 들여온 질병 등으로 신음하고 있을 때 백인의 악행을 비판한 것은 다름 아닌 교회들이었으며[18] 원주민 가운데 인권운동을 주도했던 이들은 대부분 선교사들의 영향을 받은 그리스도인이었다.[19]

---

18 Justo L. Gonzalez, *The Story of Christianity* 서영일 역 「근대교회사」 (은성, 5쇄 1991), p. 130
19 Bain Attwood & Andrew Markus, *The Struggle for Aboriginal Rights* (NSW, Australia: Allen & Unwin, 1999), p. 31

인디언의 인권보호

미국의 뉴잉글랜드 지방에 정착한 청교도들은 17세기 중반까지 인디언들과 비교적 평화로운 관계를 유지했다. 그러나 토지 소유를 탐하는 세속적 무리들이 속속 신대륙에 도착하면서 사회적 대세는 인디언들을 야만인으로 여기고 학대하는 쪽으로 기울어졌다.

백인들은 그들의 땅을 탐냈고, 월등한 무력을 앞세워 그들을 착취하기 시작했다. 이에 책임의식을 느낀 백인 그리스도인들은 인디언들에게 공정한 대우를 해줄 것, 그들이 사회에 잘 적응할 수 있도록 교육의 기회를 확충할 것을 정부에 요구했다.

그리스도인들의 수고에 고마움을 느꼈던 많은 인디언들이 교회를 찾아왔다. 전체 인디언들 가운데 신자의 비율은 계속 늘어나 1914년엔 그들 전체의 3분의 1, 1939년엔 거의 5분의 3에 달했는데,[20] 이 비율은 백인 인구의 교인 비율보다 높은 것이었다.

---

20 Kenneth Scott Latourette, *A History of Christianity* 윤두혁 역 『기독교사』 (생명의 말씀사, 1980) III, p. 599

인종차별 철폐운동 선도

자기민족중심주의나 인종차별은 인류가 오랫동안 사로잡혀 있던 편견이다. 링컨이 노예폐지를 선언한 이후에도 미국의 흑인들은 오랫동안 온갖 차별대우를 당했다. 흑인은 마음대로 버스좌석이나 식당에 드나들 수 없었으며, 직장에서 백인과 똑같은 보수를 받을 수 없었다.

1960년대의 거국적인 흑인 인권운동 덕분에 미국은 노골적인 인종차별자가 공감을 얻기 어려운 사회로 탈바꿈했다. 이 운동의 구심점은 흑인사회 내의 기독교 신앙이었고,[21] 지도자들은 대부분 기독교 목회자들이었으며,[22] 집회장소는 교회였다. 마틴 루터 킹 목사는 흑인을 차별하는 버스와 상점 이용 안하기 등의 운동을 펼쳤으며, 차별에 항의하는 시위행진 등을 주도하다가 젊은 나이에 암살당했다. 그러나 "하나님께서 우리와 함께하시니 그의 자녀를 자유의 땅으로 인도하실 것입니다."[23]라는 그의 말은 오늘날 상당 부분 성취된 셈이다.

---

21 Justo L. Gonzalez, *The Story of Christianity* 서영일 역 『근대교회사』(은성, 5쇄 1991), p. 225
22 같은 책, p. 224
23 Henri Nouwen, *The Road to Peace* (Melbourne, Australia: John Garratt Publishing, 1998), p. 92

PART 6
가정개혁

성문화 개혁

고대 종교엔 성적 타락이 만연했다. 중근동뿐 아니라 아시아에서도 신전의 여 사제들과 남자 신도들이 어울려 간음했다. 탄트라 불교에서의 여자 구루들 역시 성적 대상이었으며, 우리나라의 여사당(女寺堂)들도 매음행위를 했다.[1] 기독교 이전의 서구에서도 성전 창녀들이 우글거렸고,[2] 낙태와 유아살해가 횡행했으며, 친구끼리 아내를 교환하는 일도 흔했다.

교회가 등장할 무렵, 로마제국에서 아내의 간음은 이혼이나 죽임을 당할 사유가 되었어도, 남편의 외도는 탓하지 않았다. 남자들이 집 밖에서 욕정을 만족시킬 수 있는 상대나 시설은 얼마든지 널려 있었다.

교회는 초창기부터 매춘을 단호히 정죄했으며, 남편과 아내 모두의 정절을 요구했을 뿐 아니라[3] 이방 종교의 신전(神殿)과 그 주위에서 성행하던 매춘행위를 근절시키는 데 주도적 역할을 했다.[4]

---

1 김용옥, http://5netart.com/to/12-3.htm에서 인용
2 그리스의 고린도에 있던 비너스 신전 하나에만 1천 명의 여사제가 있었다.
3 Will Durant, *The Age of Faith* (New York: Simon and Schuster, 1950), p. 76
4 Kenneth S. Latourette, *A History of the Expansion of Christianity* (New York: Harper & Row, 1970) vol. 1, p. 260

결혼의 가치 높임

초창기 때부터 교회는 결혼이 인류사회의 계승발전을 위해서 뿐 아니라 개인의 행복증진 및 미덕실천에 꼭 필요한 제도로 보고,[5] 성경의 원리에 따라 부부관계의 구체적인 지침을 정립했다. 교회는 일부일처제를 고수했으며,[6] 혼전 순결을 지킬 것과 부부의 정조를 깨지 말 것을 가르쳤다.[7] 동성애 등의 성적 왜곡을 엄히 정죄했으며,[8] 이혼을 크게 제한했다. 기독교회 초창기의 한 설교를 들어보자.

"들으시오! 외투를 바꾸듯 쉽게 아내를 바꾸는 자들이여…조금만 기분이 상해도 이혼청구서를 쓰는 자들이여! 확실히 알진대 혼인을 해체하는 길은 죽음과 간음밖에 없소이다."[9]

가톨릭교회는 미혼이 결혼보다 기독교의 이상에 가깝다고 보았지만, 종교개혁자들의 생각은 달랐다. 그들은 독신 수도원 제도를 반대하고, 혼인과 가정에 대해 높은 가치를 두었으며, 스스로 결혼해서 아내와 자녀를 두었다.

---

5 「폴리갑에게 쓴 이그나티우스의 편지」; Kenneth S. Latourette, *A History of the Expansion of Christianity* (New York: Harper & Row, 1970) vol. 1, p. 260

6 Tertullian, *On Monogamy*; Kenneth S. Latourette, *A History of the Expansion of Christianity* (New York: Harper & Row, 1970) vol. 1, p. 260

7 Troeltsch, *The Social Teaching of the Christian Churches*, pp. 129–132; Kenneth S. Latourette, *A History of the Expansion of Christianity* (New York: Harper & Row, 1970) vol. 1, p. 260

8 Origen, Contra Cels., Book III, Chap. 51; Kenneth S. Latourette, *A History of the Expansion of Christianity* (New York: Harper & Row, 1970) vol. 1, p. 260

9 Asterius Amasenus, Hom. 5, in Combefis *Auctarium Novum* I. 82; S. Cheetham, *A History of the Christian Church during the First Six Centuries* (London: Macmillan and Co. Ltd., 1905), p. 335

남녀 동등한 성 윤리 적용

로마제국의 청렴한 정치가로 평가받는 카토는 간통죄에 대해 다음과 같이 말함으로써 당대의 불평등한 성 윤리를 잘 보여준다.

"만일 네가 아내의 불륜 행위를 직접 목격했다면, 너는 아내를 죽일 권리가 있지. 재판이나 처벌을 받을 필요도 없는 것이고. 그러나 반대로 네 아내가 너의 정사 현장을 목격했다고 하자. 그녀는 네 몸에 손가락 하나도 댈 만한 하등의 권리가 없어."[10]

기독교회는 처음부터 남녀의 성 문제에 있어서 대등한 관계를 중시했다.[11] 그래서 누구든 일단 정식 부부가 되면, 부부간의 정조를 금과옥조로 지켜야 했다. 콘스탄티누스 이후의 로마황제들은 기독교의 영향을 받아 첩을 두는 것을 금했으며, 간음을 사형에 해당하는 중한 범죄로 다뤘다. 남편이나 아내의 간음은 믿음의 길을 떠난 배도행위, 변태적인 범죄로 간주되었고,[12] 이혼사유가 될 수 있었다.

---

10 Gellius 10, 23, 5; Treggiari 1991, p. 269
11 김복래, 『서양생활 문화사』(대한교과서, 1999), p. 279
12 S. Cheetham, *A History of the Christian Church during the First Six Centuries* (London: Macmillan and Co. Ltd., 1905), p. 389

왜곡된 금욕주의 타파

중세시대에 성에 대한 잘못된 가르침이 늘어나기 시작했다. 당시의 가톨릭교회는 성관계를 하나님의 선물이라고 여기기보다는 죄악시하는 경향이 있어서 부부관계의 횟수와 성교의 체위까지 제한했다. 그러나 교황과 추기경을 비롯한 성직자들의 성적 비행을 막을 수는 없었다. 고위 성직자들의 축첩과 독신자들이 기거하는 수도원 안에서의 음행은 종교개혁이 일어나기 전까지 세인들의 지탄을 면치 못했다.

청교도들은 성에 대한 성경적 가치관을 교회에 복원시키는 데 있어서 진전을 이룩했다.[13] 그들이 성을 기피했다는 것은 편견에 불과하다.[14] 그들은 비합법적인 성관계를 엄격히 규제했지만, 합법적인 부부간의 섹스에 있어서는 열린 견해를 갖고 있었다. 이들은 "침실을 올바르고 합법적으로 쓰는 것은 부부의 큰 의무"[15]라면서 결혼생활에서 합법적이고 필수적이며 본질적인 행위인 성관계에 남편과 아내가 즐겁게 몰입할 것을 권면했다.[16]

---

13 Daniel Doriani, *The Puritans, Sex, and Pleasure in Christian Perspectives on Sex and Gender* (Grand Rapids, Eerdmans, 1996), pp. 43-49
14 Leland Ryken, *Worldly Saints*, 김성웅 옮김 『청교도-이 세상의 성자들』(생명의 말씀사, 1995), p. 27
15 같은 책, p. 28
16 같은 책, pp. 27f

일부일처제 정립

19세기 일본의 문필가들은 "기독교가 축첩이나 간음을 죄라고 지적함으로써 가정의 평화를 어지럽힌다."라고 불평했다.[17] 사실 인류 역사상 동서고금을 막론하고, 일부일처보다는 중혼(重婚: 일부다처 또는 일처다부)이 훨씬 더 일반적인 결혼형태였다.

그러나 교회는 일부일처만이 합법적이고 자연스러운 형태의 결혼이라는 점을 처음부터 분명하게 밝혔다. 이 점에서 기독교는 축첩에 관용적인 불교, 유교, 힌두교, 이슬람교, 유대교 등의 기타 종교들과 확연히 구분된다.

우리나라에서 축첩제도는 조선시대를 거쳐 일제강점기가 끝날 때까지 공공연히 인정되고 있었으며, 광복 이후에야 금지되었다. 교회가 시대에 앞서 일부다처제를 반대했으며, 축첩폐지에 앞장섰음은 물론이다. 교회는 축첩자들을 권징했으며, 신입교인들은 축첩을 회개했다.

---

17 Will Durant, *The Story of Civilization* (New York: Simon and Schuster, 1935), p. 860

PART 7
사회개혁

사회적 책임의식 전파

예수와 석가의 차이점은 무엇인가? '적도의 성자'로 알려진 알베르트 슈바이처는, "석가는 '죽은 자처럼 자연세계의 어떤 것에도 관심을 두지 말고 순수한 영성의 세계에서 살라.'라고 말하는 반면, 예수는 '세상 속에서 하나님의 도구가 되어 일하라.'라고 가르친다는 점에서 다르다."라고 말한 바 있다.[1]

기독교의 하나님은 그리스인들의 신들과도 다르다. 그리스인들은 신들이 천지의 현실과 상관없이 절대적 고요함 속에서 산다고 믿고, "관여할 필요 없다. 무슨 일이든 신에게서 온 것이니 상황을 그대로 받아들여라."라고 가르친 반면, 예수는 관여하시는 하나님, 인간의 상황에 개입하시는 하나님을 알려주었다. 보기를 들자면, 상황에 관여했는지의 여부에 따른 최후의 심판(마태복음 25장)과 선한 사마리아인의 비유(누가복음 10장) 등을 꼽을 수 있다. 기독교 윤리의 기초는 바로 이 '관여함'(concern), 곧 사회적 책임의식에 놓여 있다.[2]

---

1 Albert Schweitzer, *Christianity and Religions of the World* trans. by Johanna Powers (London: Bradford & Dickens, 1951, 4th impression), p. 46
2 William Barclay, *Ethics in a Persmissive Society* (Glasgow, UK: William Collins, 1979, 9th ed.), p. 31

사회 참여의 효시

이탈리아 시에나 시(市)의 신비주의자 카타리나(1347~1380)는 흑사병이 시에나를 휩쓸 때를 포함해서 오랫동안 가난한 자와 병든 자들을 돌봐주었으며, 감옥의 죄수들에게 복음을 전했다. 그는 또 수백 통의 편지를 썼다. 편지의 일부는 민중에 대한 영적 훈계요, 일부는 교황을 포함한 교회와 국가의 저명인사들에 대한 충언이었다. 그의 영적·도덕적 감화력과 중재로 교황청은 당시 불화 중이던 피렌체 시와 화해했다.

이탈리아의 선구적 개혁자 사보나롤라(G. Savonarola, 1452~1498)는 피렌체 사람들에게 그리스도를 그들의 왕으로 모실 것을 설파한 뒤 신자들에게 생활에 필요한 최소한의 것 외에는 모두 가난한 사람들에게 줄 것을 요청했다. 그는 "북쪽에서" 고레스와 같은 지도자가 나타나 교회를 개혁할 것을 예언했으며, 군주의 전제정치, 가톨릭 성직자의 부패와 빈민 착취를 꾸짖었다. 그 결과, 여인들은 사치스러운 복장을 벗어버리고 검소한 옷차림을 했으며 은행가들과 상인들은 부정하게 취한 이득을 되돌려 주었고 빈민에 대한 구제가 늘어났다.

사회 참여의 모범

장 칼뱅(Jean Calvin)은 난민과 빈민을 구제하는 일에 깊이 개입하느라 지도자의 위치에 있었으면서도 매우 가난하게 살았다. 교황 피우스 4세는 그를 가리켜 "저 '이단'이 강력한 이유는 돈과 관계가 없기 때문이다."라고 말한 바 있다.

감리교의 창시자 요한 웨슬리는 대중을 상대로 연설하면서 당시 큰 사회악이었던 노예제도를 비판하고 감옥의 개혁과 국민의 보편교육을 촉구했다.

18세기의 전도자 조지 휫필드는 전도하러 미국을 방문할 때 가축, 건포도, 후추, 귀리, 양파, 저고리, 셔츠 단추 등을 배에 싣고 가져가서 극빈 가정에 전달했다.

오늘날에도 교회는 사회복지에 적잖은 공헌을 하고 있다. 민간기구로서 사회복지를 위해 교회만큼 많은 봉사를 하는 기관이 없으며, 어떤 영역에선 정부보다 더 많은 역할을 수행한다.[3]

---

3   Peter Bentley, *Australian Life and the Christian Faith* (Kew, 1998), p. 67

사회개혁 모델 제시

　장 칼뱅은 스위스 제네바 시를 개혁할 지도자로 부임한 후 20년 동안 이상적인 기독교 사회를 땅 위에 구현하는 일에 삶을 바쳤다.

　칼뱅이 구상했던 사회복지의 개념은 시대를 앞선 주장으로 개혁의 모델이 되었다. 그는 사회복지를 국가의 책임으로 여기고, 정부가 가난한 이들에게 일자리를 제공해서 공동작업장에서 일하도록 도울 것을 제안했다. 그는 시 의회에 사회복지를 위한 예산을 편성할 것을 요구하면서, 빈민층 어린이들도 공부할 수 있는 학교와 시민이 자유롭게 이용할 수 있는 병원을 지을 것을 당부했다. 자신은 난민들을 집에 데려와 돌보느라 매우 검소하게 살았다.

　칼뱅의 영향력은 스코틀랜드, 네덜란드, 프랑스, 스위스뿐 아니라 신대륙으로까지 파급되었다. 수많은 청교도들이 하나님을 공경하는 사회를 이루기 위해 엄청난 희생을 감수하고 자유를 찾아 신대륙으로 이주했기 때문이다.

신앙의 부흥으로 사회제도 개혁

　복음주의 부흥(the Evangelical Revival)운동은 18세기에서 20세기까지 북미와 서유럽의 개신교에서 산발적으로 일어난 신앙 부흥운동이다.

　이 운동이 미국에서 불붙자, 수십 년 동안 자선사업이 크게 촉진되었으며, 교육이 크게 발전하고, 감옥이 개혁되고, 매춘이 중지되고, 금주가 촉진되었다.

　부흥의 결과로 기독교 신앙에 기초한 수백 개의 대학이 새로 생겼으며, 동물학대를 막기 위한 조직들이 여기저기 설립되었다.

　그 이후에도 국지적으로 일어나던 부흥운동은 19세기 중반 미국 전역의 제3차 대각성운동으로 불타올랐으며, 민중의 양심을 일깨워서 마침내 흑인 노예해방 전쟁을 촉발하는 도화선이 되었다.

자선사업 및 인도주의적 사회운동 일으킴

복음주의 신앙 부흥기에 은혜를 받은 유럽의 신자들은 빈민촌으로 달려갔으며, 헤아릴 수 없이 많은 보호시설, 난민촌, 학교 및 기독교에 기초한 사회단체들이 설립되었다. 예를 들면,

- **바나도 홈즈(Barnado's Homes)** 부흥 기간에 회심했던 한 사람이 세운 이 고아원은 세계 최대의 고아 수용시설이 되었다.
- **구세군** 복음주의자 엘리자베스 부스가 세운 교회로 범세계적인 빈민구제로 유명하다.
- **적십자사** 창립자 앙리 뒤낭은 제네바의 학생 전도자였다. 인도주의를 표방하는 적십자사가 창립될 때 상징으로 하얀 바탕에 붉은 십자가를 넣은 문장을 선택한 것은 이 기구의 기본정신이 무엇인지를 잘 보여준다.
- **YMCA** 부흥운동 이후 탄력을 받아 초대형 사회단체로 성장했다.

월버포스와 같은 노예무역 폐지론자들이 나타나 노예들을 해방시켰고(1834년), 범죄인 처우 개선 등 인도주의적인 법령이 많이 제정되었다. 노동조합을 허용하는 법령이 통과되었으며, 도시노동자들에게 참정권이 부여되었다.

YMCA 창설

초대형 사회단체인 YMCA는 런던의 포목점 점원이었던 조지 윌리엄스가 숙소에서 매일 기도회를 열면서 동료들을 전도하며 성경공부 모임에 초대한 것이 시발점이다. 회심자가 늘어나자, 조지와 친구들은 런던의 모든 업종에 도덕적 영향력을 미치는 기독청년들의 종합 모임을 만들겠다는 포부를 품고 1844년 YMCA를 창립했다.

1885년 프랑스 파리에서 열린 국제 YMCA 대회에 참가한 각국의 젊은이들은 이 단체를 "예수 그리스도를 구주로 믿으며, 그 제자로 살기를 원하는 청년들이 하나로 뭉쳐 그 힘을 합해 그들 가운데 그의 나라가 확립되기를 힘쓰는 단체"라고 규정했다.

한국 YMCA는 1903년 선교사들의 주도로 설립되었으며, 윤치호, 이상재 등 걸출한 민족지도자들이 그 활동을 이끌었다. 구한말 YMCA는 "세계와 기식(氣息)할 수 있는(함께 숨을 쉴 수 있는) 유일한 창구"였다.[4]

---

4 『한국교회사』 (성광문화사, 1993), p. 148

체육발전에 공헌

YMCA의 근본 목적은 그리스도인의 성품을 계발하여 이 땅에서 하나님의 나라를 확장하는 데 있다. 그 목적을 실현하기 위해 스포츠를 곁들이다 보니, 인간의 신체단련 및 스포츠의 국제화에도 크게 이바지했다. 예를 들면,

- 단체의 야외 캠핑활동이라는 아이디어를 처음으로 생각해내어 실행에 옮겼다.[5]
- 농구, 배구 같은 신종 스포츠를 창안했다. 농구는 스프링필드 소재의 YMCA에서 활동하던 제임스 네이스미스(J. Naismith) 박사, 배구는 홀요크(Holyoke)의 YMCA에서 활동하던 윌리엄 모건(W. Morgan)이 고안했다.
- 중화기독교청년회(YMCA)가 탁구를 처음으로 중국에 소개하여 보급했으며,[6] 최초의 탁구는 오직 교회학교와 청년회에서만 실시되었다.[7]
- 한국에 야구, 농구, 체조, 수영, 스케이트 등 근대 스포츠를 도입하고 보급하는 데 있어서도 YMCA의 역할은 절대적이었다.[8]

---

5 Vergilius Ferm, *Pictorial History of Protestantism: A Panoramic View of Western Europe and the United States* (New York: Philosophical Library, 1957), p. 284; D. James Kennedy, *What if the Bible had Never Been Written* (Nashville, TN: Thomas Nelson, 1998), p. 201에서 인용

6 向潮 〈上海pingpong舊話〉『體育史料(三)』, (1981), p. 15

7 許義雄 等著, 황호숙 역 『중국근대체육사상』(黃典, 2000), p. 164

8 https://news.joins.com/article/3577410

사회의 안정화

19세기 영국 역사에 관한 한 세계 최고의 권위자인 엘리 알레비 (M. Élie Halévy)에 따르면, 19세기 영국은 혼란과 무질서에 빠져 있었으며,[9] 파괴적인 유혈폭동을 피할 수 없는 상황이었다고 한다. 그럼에도 불구하고 이 나라가 프랑스에서 일어났던 유혈혁명과 무질서를 겪지 않고, 오히려 전례 없는 안정과 번영을 누렸던 것은 요한 웨슬리와 복음주의 부흥 덕분이라고 분석한다.[10]

당시 노동자 계층은 사회체제의 해체를 원하고 있었지만, 그들을 이끄는 엘리트들이 복음주의 운동의 정신으로 충만했기 때문에 기존의 질서는 심각한 타격을 받지 않았다.[11]

이미 영국은 18세기에 일어난 복음주의의 영향으로 노동착취를 제한하고, 약자의 권리를 보호하는 법들을 속속 제정하여 시행했으며, 노예무역도 철폐했다. 18세기 중반 이후 영국 사회엔 인도주의적인 분위기가 무르익고 있었다.

---

9 Encyclopaedia Britannica 15th ed., 1984, micro. vol. 4, *Halévy, Élie*
10 Élie Halévy, *Histoire du peuple anglais au XIXe siècle* (1913~23) vol. 1, trans. into English, pp. 1–334; J. Ernest Rattenbury, *Wesley's Legacy to the World* (London: The Epworth Press, 1928), p. 210
11 Halévy, p. 371

일본사회의 근대화 촉진

일본의 급속한 근대화는 메이지 유신(明治維新, 1868~1912) 때에 이뤄졌는데, 이 시절 사회개혁에 그리스도인들이 큰 역할을 했다.

브리태니커 백과사전은 "이때에 새롭게 들어온 개신교와 다시 들어온 가톨릭이 지식인들 사이에 퍼졌으며, 일본을 근대화하는 데 중요한 역할을 했다."라고 평한다. 메이지 유신이 막을 내린 후 1926년에 일본정부가 유신시대를 통틀어 사회개발 사업에 가장 큰 기여를 한 사람 32명을 선정해서 상을 주었을 때 수상자 중 22명이 그리스도인이었다.[12]

1956년에는 일본정부가 일본 역사상 사회사업 분야에 가장 위대한 지도자 네 명을 선정해서 발표했는데, 한 사람도 예외없이 모두 기독교인이었다. 즉, 오카야마에서 고아의 복지를 위해 헌신했던 주지 이시이, 교도소 개혁의 선구자 코스케 토메오카, 구세군에서 활동하며 금주운동을 벌였던 군페이 야마무로, 오사카에서 시각 장애자 센터를 건립한 타케오 이와하시 등이 그들이다.[13] 기독교청년회(YMCA)는 노동자의 인권보호를 위해 노조운동을 시작했다.

---

12 *Christianity in the Non-Western World* edited by Charles W. Forman (Englewood Cliffs, NJ: Prentice-Hall Inc., 1967), p. 92
13 위와 같음.

우리 민족의 근대화 촉진

한국의 그리스도인들은 구한말과 일제시대 민족의 보존 및 근대화를 목적으로 수많은 단체를 조직했다. 그들은 이러한 조직을 통해 계급타파, 남녀평등, 여성해방, 근대교육, 미신타파 등 사회개혁을 부르짖으며, 애국독립 및 자주의식을 고취시켰다.[14] 예를 들면,

• 독립협회 창립 당시부터 기독교와 밀접한 관련을 맺고 있었다. 주도층의 대다수가 개신교 신자들로서[15] 그들은 개화의식의 전파와 개신교의 보급을 하나로 생각했다.[16]

• 흥사단 도산 안창호가 자주독립을 위해 설립한 국민운동단체다. 안창호는 이 단체를 통해 한국인의 인격 및 실력양성을 도모했다. 교회는 그에게 민족혼과 애족사상을 심어주던 전당이었으며, 기독교 정신은 그의 사상, 생활, 행실의 바탕이었다.[17]

그 외에 대한자강회, 신민회, 흥업구락부 및 수양동우회, 근우회 등도 국권회복을 목적으로 기독교인들이 세우거나 앞장서서 이끌었던 단체들이다.

---

14 최종고, 『한국 법사상사』 (서울대학교 출판부, 2001), p. 193
15 독립협회의 창설은 서재필, 윤치호 등의 교인이 주도했다. 또 지방의회 활동의 중심지는 교회였다. 보기를 들면, 평양지회의 경우 한석진, 방기창, 방화중, 김종섭 등의 교인이 주동이었다.
16 독립활동의 겉모습은 비종교적인 색채를 띠었다.
17 숭실대 기독교문화연구소, 『韓國의 近代化와 基督敎』, (1983), pp. 78f; 『한국교회사』 (성광문화사, 1993), p. 116

PART 8
법치개혁

"

콘스탄티누스 황제는 기독교를 역사상 최초로 공인한 후
잔인한 검투사 시합과 십자가형을 금지했고, 과부, 고아,
가난한 자를 위한 인정미 넘치는 법률을 반포했으며,
여성의 인권을 높여주고, 노예해방을 장려했다.

"

세상 모든 법의 뼈대 제공

오늘날 전 세계의 법 문화를 이루는 양축은 유럽 대륙을 중심으로 발달한 로마·게르만 법 계열과 영국과 미국을 중심으로 발전한 관습법(Common Law) 계열이라고 할 수 있다. 세계 각국의 모든 법들은 이 양축을 구심점으로 형성된다고 해도 지나친 말은 아니다. 이 두 가지 법계가 모두 그리스도교 윤리의 영향을 크게 받았다.[1] 특히 관습법이 기독교의 산물인 것은 의심의 여지가 없다.[2]

교회법(Canon Law) 또한 세속의 법과 법률체계에 심대한 영향을 미쳤다. 혼인법, 재산취득 방법의 원칙, 유서, 법인, 대표권, 범죄와 처벌의 개념, 형사(刑事)상의 절차, 증거나 증인에 관한 법률 등 그 영향력은 이루 헤아릴 수 없다.[3] 이에 만족치 않고 교회법 학자들은 국가에 대한 근대적 개념을 발전시켰을 뿐 아니라 신학자들과 협력하여 국제법을 탄생시켰다.[4]

---

1 최종고, 『법학통론』, (박영사, 1998), p. 144
2 A. A. Hodge, *The Christian Foundation of American Politics*, The Journal of Christian Reconstruction, vol. 5 No. 1, p. 410에서 인용
3 Encyclopaedia Britannica 15th ed., 1984, macro. vol. 3, *Canon Law*
4 위와 같음.

법에 온기를 불어넣음

인간의 입법활동에 기독교의 정신이 가미되기 시작한 것은 기독교를 공인한 콘스탄티누스 황제 이후였다. 회심한 이후 그의 삶에 나타난 변화는 법 제정에 반영되었다.[5]

그는 젊은 날 검투사 시합을 즐겼지만, 회심 후 세월이 흐르자 이 잔인하고 피비린내 나는 시합을 금지시켰다. 또 과부, 고아, 가난한 자를 위한 인정미 넘치는 법률과 함께 비윤리적인 종교의식과 부도덕한 행위를 금하는 법령을 반포했다. 노예들도 주일에 쉴 수 있도록 함으로써 그들의 멍에를 덜어주었을 뿐 아니라 노예해방을 장려했다.[6] 그는 가족법에도 손을 댔다. 아버지가 자식들에 대해 행사하던 생사여탈권을 약화시키는 한편, 이혼을 어렵게 만들고 혼인의 유대를 강화하려고 애썼다.[7] 역사학자 라투레트는 기독교가 공인된 이후 "교회가 지적하는 죄들에 대한 처벌은 강화된 반면, 다른 죄들에 대한 처벌은 완화됐다."라고 요약한다.[8]

5　Kenneth S. Latourette, *A History of the Expansion of Christianity*(New York: Harper &Row, 1970) I. p. 272

6　Cod. Theod., ii. 8, I; iv: 7, I; iv: 8, 6; ix: 3, I; ix: 3, 2; xi: 7, 3; Kenneth S. Latourette, *A History of the Expansion of Christianity* (New York: Harper &Row, 1970) I. p. 272

7　Cod. Just., v: 26, I; Kenneth S. Latourette, *A History of the Expansion of Christianity* (New York: Harper & Row, 1970) I. p. 272

8　Kenneth S. Latourette, *A History of the Expansion of Christianity* (New York: Harper & Row, 1970) I. p. 273

인권법 제정

콘스탄티누스에서 유스티니아누스까지 기독교 황제들의 재위 기간(AD 306~565) 동안 여성의 권리가 신장되어 여성뿐 아니라 남자에게도 정절이 요구되었다. 유스티니아누스 황제는 후견인 남성 없이는 인간 취급을 받지 못하던 여성의 위치를 높여 남성과 동등한 지위를 부여하는 법을 제정했다. 독신자에게도 기혼자와 마찬가지의 동등권이 부여된 반면,[9] 누구든 이혼한 후에 재혼하려고 하면 여러 불리한 조건들이 붙었다.[10] 수감자들과 피고인들에 대한 처우도 개선되어, 얼굴에 화인(火印)을 찍던 관행이 금지되었고, 남녀가 따로 수감되었으며, 감옥의 통풍과 채광을 의무화했다.

노르웨이의 기독교화를 주도했던 국왕 울라프 하롤드손은 어린 아이를 살해·유기하던 이전의 악습을 금했으며, 노예를 인신제물로 바치던 풍속을 단죄하고 노예해방의 칙령을 내렸다.[11] 그는 최초로 전 노르웨이를 다스렸던 왕으로서 오늘날에도 국부로 추앙받고 있다.

---

9 *Codex Theod.* viii. 16; S. Cheetham, *A History of the Christian Church during the First Six Centuries* (London: Macmillan and Co. Ltd., 1905), p. 334

10 *Codex Theod.* iii. 8

11 Kenneth Scott Latourette, *A History of Christianity* 윤두혁 역 『기독교사』 (생명의 말씀사, 1980) II, p. 111

각국 헌법의 기초 세움

미국의 헌법은 기독교의 기초 위에 제정됐다. 연방 헌법을 제정한 이들은 한 사람도 예외 없이 하나님의 도덕적 통치를 믿었으며, 대다수는 열렬한 그리스도인이었다.[12] 이들은 종종 함께 모여 예배를 드렸다.[13] 미국의 각 주가 제정한 최초의 헌법조문들도 기독교적이다.[14] 가장 먼저 성문 헌법의 본을 보였던 코네티컷 주의 경우 헌법에 그 주가 설립된 목적을 "우리 주 예수의 복음을 유지하고 보전하는 것"[15]이라고 명기했으며, "성경은 모든 사람들이 하나님과 사람 앞에 수행하는 모든 직무의 방향과 행정에 완벽한 규칙을 제시한다."라고 공포함으로써 성경이 모든 행위의 규범이 됨을 공표했다.

호주 헌법엔 "우리 뉴사우스웨일스, 남호주, 빅토리아, 퀸즐랜드, 태즈메이니아, 서호주의 주민들은 전능하신 하나님의 복을 겸허히 의지하며 영국 여왕 통치하에 복지 호주를 건설하기 위해 여기에 모였다."라는 문구가 있다.

---

12 A. A. Hodge, *The Christian Foundation of American Politics*, The Journal of Christian Reconstruction, vol. 5 No. 1, p. 43
13 위와 같음.
14 위와 같음.
15 to maintain and preserve the Gospel of our Lord Jesus

불의에 저항

　기독교가 뿌리를 내린 나라, 특히 오랜 개신교 전통의 나라들(스칸디나비아 국가들, 영국, 미국, 네덜란드, 스위스 등)의 준법정신은 세계 최고 수준이며 부패지수도 낮다. 그리스도인은 국가의 법이 하나님의 말씀과 부딪히지 않는 한 법을 잘 지킨다. 그러나 악법에 대해서는 저항한다. 왜냐하면 불완전한 인간의 법 위에 완전하신 하나님의 법이 있다는 사실을 알기 때문이다.

　로마시대엔 그리스도인들이 죽음을 각오하고 황제 숭배를 강요하는 국법에 불순종했다. 개혁자 장 칼뱅은 군주가 행사하는 법이 하나님의 명령에 거스를 때엔 군주에게 반항할 수 있다고 밝혔다.[16] 에이브러햄 링컨은 노예제도를 용납하는 대법원의 판결에 대항하여 "국가나 인민은 하나님의 더 높은 권세에 순복해야 할 의무가 있다."라고 말했다.[17] 이 같은 태도는 전제주의를 견제하고 언론의 자유를 창달하여 민주주의를 앞당기는 데 크게 기여했다.

16　최종고, 『법 사상사』 (박영사, 1990), p. 75
17　Abraham Lincoln, "Proclamation for Appointing a National Fast Day" (March 30, 1863); Charles Colson, How Now Shall We Live? (Wheaton, IL: Tyndale House, 1999), p. 400에서 인용

정의로운 법 제정 추진

영국에서 산업혁명이 시작되었을 때 노동자들은 심한 착취에 시달리고 있었다. 수천 명의 어린이들(대부분이 7~14세의 소녀들이었음)이 매일 아침 6시부터 저녁 7시까지 일했으며, 먹고 쉬는 시간은 30분 밖에 허락되지 않았다.

감리교 설교자였던 리처드 오스틀러는 '리즈 머큐리'라는 신문사에 편지를 보내 이 사실을 세상에 알리고,[18] 어린이들이 법에 의해 보호받아야 할 것을 촉구했다.[19]

그 결과, 복음주의자 샤프츠베리 백작의 주도로 '10시간 공장노동법(1847년)'이 의회에서 통과되어 공장에서 일하는 여성과 어린이들의 근로시간을 제한했다. 이 법은 '산업 노동자들의 자유를 위한 대헌장'(Magna Carta)이라고 불린다. 이 조치로 공장은 오후 6시가 되면 문을 닫았으며, 이후 12시간 동안 조업을 중단함으로써 노동자들이 저녁에 쉴 수 있게 되었다.

---

18 *Leeds Mercury*, 16 Oct. 1830; S. E. Gunn, *Journey through History* vol. 2 (London: Edward Arnold Publishers, 1958), pp. 92에서 인용

19 그는 이 기고문에서 "그리스도께서 어린이들을 사랑하셔서 '하나님의 나라가 이런 자의 것이니라.'라고 하셨으니 만큼 그리스도인들은 어린이들을 위해 행동해야 할 것"이라고 말했다.

입법활동의 모범

정의로우면서도 인정미 넘치는 사회를 구현하는 데 있어서 법 제정은 매우 중요하다. 19세기 영국의 샤프츠베리 백작(본명 앤서니 쿠퍼)은 세상 모든 입법자들의 훌륭한 모범이 되었다. 그는 25세의 나이로 의회에 들어간 뒤 무려 60년 동안 정력적으로 일하면서 산업혁명의 상처를 치료하는 수많은 법을 제정하는 데 있어 중심적 역할을 했다. 예를 들면,

- **광산 법령(1842년)** 소녀와 주부들이 지하 탄광에서 일하는 것을 금하고 소년들의 작업시간을 줄였다.
- **10시간 공장노동법(1847년)** 이 법은 '산업 노동자의 자유를 위한 대헌장'이라고 불린다. 1850년 이 법의 세부 법안이 통과됨으로써 일반 노동자들은 토요일에 하루의 반만 일하고, 일요일엔 쉴 수 있게 되었다.

이러한 법들은 산업혁명 이후 각국의 노동자들을 보호하는 법 제정에 모범이 되었다. 열렬한 복음주의자였던 그는 꽃 파는 소녀, 고아, 윤락여성, 죄수, 장애자, 정신병 환자의 권익신장을 위해서도 바쁘게 일했다.

국제법 창설

 "국제법의 아버지"라 일컬어지는 후고 그로티우스는 네덜란드의 신학자로서 초대교회 공동체를 인류의 이상으로 여기고 세상의 평화와 일치를 위해 노력했다. 그가 모든 나라를 한 가족이라고 본 것은 주로 기독교에서 나온 개념이다.[20] 그는 국제법의 고전으로 일컬어지는 『전쟁과 평화의 법』을 쓰게 된 동기로 "사람들이 무기만 들면, 인간으로서 지켜야 할 하나님의 법도를 잊어버리기 때문"이라고 설명한다. 그는 신약성경을 가장 거룩한 법으로 존중했으며, 그가 구상한 체계에서 신약성경이 가장 높은 자리를 차지하기를 원했다.[21]

 『전쟁과 평화의 법』은 한 나라의 군주가 외국과의 관계를 어떻게 유지할 것인가에 대한 규칙들을 담고 있는데, 이 책은 유럽에서 30년 전쟁이 진행되고 있는 동안 완성되었다. 이 책의 원리는 전쟁이 끝난 후 종전 조약에 상당히 반영되었으며, 새 시대를 여는 데 크게 기여했다는 평가를 받았다.[22]

---

20 Kenneth S. Latourette, *A History of the Expansion of Christianity* (New York: Harper & Row, 1970) iii. p. 393

21 Hugonis Grotii, *De Jure Belli et Pacis* (Cambridge University Press, 3 vols., 1853), Prolegomena, sec. 50; Kenneth S. Latourette, *A History of the Expansion of Christianity* (New York: Harper & Row, 1970) iii. p. 395

22 Kenneth S. Latourette, *A History of the Expansion of Christianity* (New York: Harper & Row, 1970), iii. pp. 394f

미국 코네티컷 주의 별명은 '헌법 주'(Constitution State)다. 왜냐하면 1639년 청교도들이 이곳에서 세계 최초의 '성문 헌법'인 '기초 규범'(Fundamental Orders)을 제정했기 때문이다. 그 헌법에는 코네티컷 주의 설립된 목적이 "우리 주 예수 그리스도의 복음의 자유와 순수성을 유지하고 보전하는 것(to maintain and preserve the liberty and purity of the Gospel of our Lord Jesus)"이라고 명시되어 있다.

PART 9
정치개혁

66

유럽의 전제정치는 영국에서 청교도들이 주도했던
명예혁명(1688년) 때 첫 번째 결정타를 맞아 무너졌다.
종교개혁이 기반을 잡은 곳에서는 국왕이라도
하나님 말씀의 권위에 복종하여 자신의 신앙적
의무를 이행하지 않을 수 없었다.

99

▲ 17세기 청교도들의 예배 모습

근대 민주주의 개념 형성

그리스도인들은 일반적으로 민주주의를 지지한다. 민주주의가 불완전하지만, 누구에게든지 그 어떤 공직이라도 얻을 수 있는 기회를 균등히 준다는 점에서, 하나님이 각 사람에게 부여하신 존엄성과 가치를 다른 정치체제보다 상대적으로 잘 옹호하고 있다고 보기 때문이다.[1] 민주정권은 그리스도인들과 우호적 관계를 유지할 수 있지만, 독재정권은 배겨내지 못한다. 신자는 성경 말씀을 기준으로 삼아 정권의 도덕성까지도 판단하려 들기 때문이다.

근대 민주주의 개념의 형성에 영향을 준 것은 그리스의 도시국가가 아니라 성경이었다. 브리태니커 백과사전에 따르면, 그리스의 민주주의는 역사의 일회성 단막극으로 끊어져 현대국가의 이론과 실천에 별 영향을 미치지 못한 반면, 하나님의 법, 자연법, 관습법 등은 중세 기간 동안 권력행사의 제동장치로 작동했을 뿐 아니라 근대로 이어져서 민주주의 사상을 형성시키는 주된 요인이 되었다고 한다.[2]

---

1 J. I. Packer, *Knowing Christianity* (Surrey, UK: Eagle, 1996, Reprinted), p. 151
2 The New Encyclopaedia Britannica, Micropaedia vol. III, 15th ed. p. 458

독재 억제

하나님의 법을 알던 고대 이스라엘의 역대 왕들은 이웃 나라 왕들과 비교하면 훨씬 더 민주적이었다. 당시 중동의 왕들은 무자비해서 자신의 이익을 위해 어떠한 살육이라도 감행할 수 있었지만, 이스라엘의 왕들은 적어도 겉모습으로는 율법뿐 아니라 선지자들의 경고를 무시할 수 없었다. 왕이라도 율법을 어기면 선지자들의 책망을 받았다.

성군으로 꼽히는 다윗 왕은 간음과 살인죄를 범한 후 나단 선지자의 "칼이 네 집에 영영히 떠나지 아니하리라."라는 책망을 받았다.[3] 이스라엘 역사상 최악의 왕들 중 하나로 꼽히는 아합 왕조차 "조상이 정한 네 이웃의 경계표를 옮기지 말지니라."라는 율법 조항[4] 때문에 왕궁 가까이있는 평민 소유의 포도원 하나 자신의 권력을 이용해서 빼앗지 못했을 정도였다. 그러므로 이스라엘 왕들은 인근 나라에서는 '인자한' 왕으로 인식되었다.[5]

---

3 사무엘하 12:7-12
4 신명기 19:14
5 열왕기상 20:31

비민주적 요소 개선

로마제국에서 출현한 로마 가톨릭과 정교회는, 초대교회의 소박한 구조를 버리고 제국의 계급조직을 받아들였다. 성직자와 평신도라는 상하 계급구조가 교회 안에 뚜렷이 형성되었다.

로마 가톨릭교회의 교직자 우위 전통은 평신도들의 참여를 극도로 제한했다. 로마 교회 안에서 군주적 정치원리는 대의적(代議的) 정치원리를 누르고 승리를 거두어 교회의 실제 권력을 여러 사람이 참여하는 공의회(公議會)보다는 한 사람, 곧 교황에게 집중시켰다. 지금도 가톨릭이 전통적, 상하 계층적, 제의중심(祭儀中心)적, 보수적인 반면, 개신교는 성경적, 민주적, 영적, 진보적이다.[6] 가톨릭이 권위의 법에 의해 다스려진다면, 개신교는 자유의 원리에 의해 운영된다.[7]

그러나 중세시절에도 기독교가 퍼져있던 유럽에서 민주주의의 개념은 하나님의 법을 공무집행에 적용하려고 애쓰던 정치가들에 힘입어 조금씩 자라고 있었다.

---

6 Philip Schaff, *History of the Christian Church* (Peabody, Mass.: Hendrikson Publishers)-7, pp. 4f

7 Philip Schaff, *History of the Christian Church* (Peabody, Mass.: Hendrikson Publishers)-5

근대 민주주의 성장의 터전

근대적 민주주의가 종교개혁의 직접적 열매는 아니지만, 종교개혁의 교리에 지대한 영향을 받은 것은 부인할 수 없다. 종교개혁은 자유롭게 질의(Free Inquiry)할 수 있는 권리를 신장시켜 언론자유의 길을 터주었으며, 종교개혁자들이 강조한 만인제사장의 교리는 사회를 평등으로 나아가게 했다.[8]

칼뱅을 비롯한 개혁자들은 장로직분을 가진 자들이 목사들을 대중선거의 방식으로 선임하는 것과 교회정치에 평신도가 참여할 것을 규정했다.[9] 이에 따라 왕이 절대권력을 갖고 있던 그 시대에 칼뱅주의 교회는 이미 각 위원회와 총회, 선출된 장로에 의해 민주주의적 방식으로 운영되었다.[10] 직분자들이 신분의 높고 낮음이나 사회적 지위에 관계없이 다만 경건의 기준에 의해 임명되었으니, 당시 사회의 기준으로 보자면 그야말로 혁명이었다. 너무나 파격적이었으므로 16세기 엘리자베스 1세 때 장로교 지도자 카트라이트는 "대중정치"와 "민주적 주권"을 조장한다는 이유로 맹비난을 받아야 했다.[11]

---

8   G. P. Gooch, *English Democratic Ideas of the 17th Century*; J. Edwin Orr, *The Light of the Nations* (Exeter, UK: The Paternoster Press, 1965), p. 81

9   Franklin Le Van Baumer, *Main Currents of Western Thought* (New York: 3rd ed., Alfred A. Knopf, 1970), p. 172

10 Ninian Smart, *The World's Religions* (2nd ed., Cambridge University, 1998), p. 341

11 Franklin Le Van Baumer, *Main Currents of Western Thought* (New York: 3rd ed., Alfred A. Knopf, 1970), p. 172

군주 개인의 절대 권력 약화

모든 인간이 창조주 하나님 앞에 평등함을 믿었던 그리스도인들은 군주의 절대권력을 인정할 수 없었다. 프랑스의 개신교도들은 절대왕정이 지배하던 시절에도 목숨을 걸고 당시의 왕이던 앙리 3세에게 계약에 기초한 정부 및 개인의 권리를 보장해 달라는 상소를 올렸다.[12]

영국의 전제정치는 청교도들이 주도했던 명예혁명(1688년) 때 결정타를 맞아 무너졌다. 왕의 절대권력이 영국에서 가장 먼저 붕괴되었던 이유는 장로교의 민주적 정치이념을 계승받은 청교도들이 수적 증가에 힘입어 정치 및 사회에 영향을 미치기 시작했기 때문이다.

개신교회는 신분 고하의 차이가 없는 민주주의를 사회의 그 어떤 조직보다도 먼저 실천하고 있었다. 세계 역사상 처음으로 세금으로 운영되는 공립학교가 생기고, 종교의 자유와 언론의 자유가 합법화된 나라는 대표적인 개신교 국가였던 네덜란드였다.

---

12 Franklin Le Baumer, 위와 같음.

특권 폐지와 자유선거

　기독교의 메시지는 가는 곳마다 전제주의가 넘어지고 자유가 일어나도록 돕는 촉매가 되었다. 인류 역사에 있어서 양심의 자유, 신앙의 자유, 언론의 자유는 개신교의 등장 이후 본격적으로 성장했다. 특히 칼뱅주의자들의 개혁신앙은 전제정치를 타도하고 예배의 자유를 확립하는 데 있어 강력한 힘이 있어서 스위스, 영국, 스코틀랜드, 미국 등 여러 나라에서 군주정치를 억제하고 민주주의와 공화정치를 촉진시켰다.

　특히 자유를 위해 투쟁한 이들은 청교도들이었다. 영국의 왕들이 백성의 복종을 강요했을 때 청교도들은 왕의 명령보다 하나님의 명령에 우선권을 두고, 왕의 명령이 하나님의 명령과 어긋날 때는 왕보다 하나님께 순종해야 한다는 원리를 고수했고, 마침내 명예혁명(1688~89년)을 이끌어 내어 승리했다. 법률의 구애를 받지 않던 국왕의 절대적 특권이 사상 처음으로 폐지되고 자유선거가 보장됐다.

개신교회가 민주주의 요람이 됨

가톨릭교회와 달리 프로테스탄트 교회 안에서는 성직자가 아닌, 다양한 직업을 가진 평신도의 참여와 영향력이 크다. 그러므로 교회는 자연스럽게 일반시민들이 빈부나 신분의 차이 없이 만나서 함께 활동하는 조직으로서 시대를 앞선 모범을 보였다. 또 점점 더 많은 평신도 조직체들이 나타나서 처음에는 지역 교회들 간의 협력을, 나중에는 교파단위의 공조를 추진했다.

교회학교에선 일찍부터 평신도들의 영향이 컸다. 미국의 성서공회는 일찍부터 평신도들이 주도권을 잡았으며, 남녀 기독교청년회(YMCA와 YWCA)는 처음부터 평신도 단체였다.

일찍이 영국의 소설가 조지 오웰은 "소설이란 '개신교적인 예술형태'며 자유로운 정신, 자율적인 개인의 산물이다."라고 말했다. "교회의 모임은 민주주의의 학교다."라는 말은 결코 과장이 아니다.[13]

---

13 Franklin Le Van Baumer, *Main Currents of Western Thought* (New York: 3rd ed., Alfred A. Knopf, 1970), p. 172

근대 민주주의 확립에 크게 기여

청교도를 비롯한 개신교도가 일찍 정착해서 미국의 기초를 세웠던 13개 주에서는 개신교의 기본원칙인 이신칭의(믿음으로 구원받는다는 교리) 및 만인제사장주의의 영향을 받아 정부에 대한 발언권뿐 아니라 각 시민에게 동등한 권리와 의무를 부여하는 민주정부가 쉽게 탄생했다.[14] 민주주의의 첫 번째 전제인 기회의 균등이 교회에서 일찌감치 실천되고 있었다는 점이 미국 민주주의의 확립에 크게 이바지했다. 미국독립 이후 개신교회의 민주적 원리들은 정치적 체제로 굳혀진다.[15] 미국 연방정부의 체계는 장로교의 노회제도 및 지도력 이양에서 빌려왔고, 정치는 침례교인들의 원칙들을 원용한 것이다.[16]

중남미에선 가톨릭 사제들이 교회 내에 우위를 점하고 있어서 평신도들의 자발적이며 역동적인 활동이 잘 드러나지 않았다. 가톨릭 교인들은 일반적으로 사제들에게 의존했으므로 민주주의의 발달이 북미보다 늦었다.

---

14 Kenneth Scott Latourette, *A History of Christianity* 윤두혁 역 『기독교사』 (생명의 말씀사, 1980) III, pp. 30f

15 Encyclopaedia Britannica, Micropaedia vol. III, 15th ed. p. 458

16 J. Edwin Orr, *The Light of the Nations* (Exeter, UK: The Paternoster Press, 1965), p. 82

근대 민주주의 형성에 이론적 토대 제공

　미국과 영국의 민주주의를 형성하는 데 이론적 토대를 제공했던 책은 『정부론(Treatise on Government)』이다. 저자 존 로크는 엄격한 청교도 가문에서 교육받았으며 청교도 혁명으로 쟁취된 인민 주권의 원리를 깊이 통찰했던 인물이다. 그는 성경을 높이 평가하여 "성경은 하나님이 그 자녀 인간에게 베푸신 최고 은총의 하나로, 그 저자는 하나님이고 그 목적은 구원이며 그 내용은 뒤섞여지지 않은 진리인데, 지극히 정결하고 참되어 지나침도 모자람도 없다."라고 말했다.[17]

　민주주의 사상을 담은 그의 많은 글 가운데 "인간 모두는 본질적으로 모두 자유로우며 평등, 독립적이다. 어느 누구도 스스로가 동의하지 않는 한 이러한 상태를 박탈당할 수 없다."라는 구절은 미국의 독립 선언문에 좀 더 신앙적인 형태로 다듬어져서 반영되었다. "만민은 동등하게 창조되었으며…빼앗길 수 없는 권리를 창조주로부터 받았다."라는 글귀가 바로 그것이다.

---

17 *Locke and Biblical Hermeneutics* ed. by Luisa Simonutti (Springer Nature Switzerland AG, 2019)

삼권분립의 고안과 적용

이 세상은 죄로 타락했기 때문에 모든 권력은 부패하기 마련이다. 절대권력일수록 절대적으로 부패한다. 하지만 권력을 분산하여 각 권력 사이에 견제 및 균형장치를 두면 부패의 가능성을 줄일 수 있다. 청교도들은 인간의 전적 부패를 믿었기 때문에 권력을 한 사람에게 집중해서 맡길 수 없었다.

삼위일체의 하나님을 믿었던 미국의 청교도들은 권력의 집중을 막기 위해 정부의 기능을 행정, 입법, 사법으로 나누어 권력을 분산시켰다. 청교도가 주축이었던 건국 지도자들은 1787년 필라델피아에서 미국 헌법을 제정할 때 프랑스의 몽테뉴가 제기했던 삼권분립의 정신을 역사상 처음으로 국가단위에 적용시켰다.

그 후 2백 년이 채 못 되어 유럽뿐 아니라 아시아, 아프리카에 이르기까지 거의 모든 국가들이 청교도의 본을 받아 삼권분립의 원칙을 그들의 헌법에 적용했다.

부흥사들이 민주화 촉진

18세기 미국에서 일어난 부흥운동(Great Awakening)은 복음적 가치관을 퍼뜨렸고, 신분의 차별이 뚜렷이 남아있던 당시의 사회를 민주주의의 이상에 가깝게 끌어올렸다. 우선 부흥사들은 "하나님 앞에서 모든 사람은 동등하다."라는 교리를 강조함으로써 사회적으로 낮은 자리에 있던 사람들에게 자신감을 불어넣었다.[18]

그들은 전국 방방곡곡을 누비고 다니면서 모든 계층의 사람들과 접촉했다. 무식하든 유식하든, 가난하든 부유하든, 상전이든 노예든 가리지 않았다. 현대의 시각에서 보면 당연한 일이지만, 노예제도와 귀족의식이 존재하던 당시로서는 획기적인 일이었다. 전도자들은 모든 사람을 구세주가 필요한 죄인으로 보았기 때문에 사회적 신분차이는 아랑곳하지 않았던 것이다. 기독교는 대중화되었고 쉽게 부를 수 있는 민요조의 찬송가들이 이때 쏟아져 나왔다. 간결한 가사와 쉬운 곡조는 수백만 대중의 가슴에 파고들었다.

---

18 Gewehr, *The Great Awakening in Virginia*, ch. viii, "Contributions to the Rise of Democracy" 참조; J. Edwin Orr, *The Light of the Nations* (Exeter, UK: The Paternoster Press, 1965), p. 81

우리나라 민주의식 신장에 기여

구한말과 일제강점기에 한국의 개신교회와 교회학교들은 민주주의의 훈련을 위한 학교의 역할을 했다.[19] 서울대학교 법과대학의 최종고 교수는 "개신교는 한국 민족주의에 민주주의 원칙을 도입하고 민주주의적 지도력을 양성함으로써 민주주의의 기반을 마련했다."[20]라고 말한다.

일본 식민주의자들은 조선인들을 압제하면서 자주정신이 자라날 만한 모든 가능성을 근원적으로 차단하고 있었지만, 서양열강과의 마찰이 두려워 교회만큼은 호락호락 다룰 수 없었다. 그 무렵, 교회는 여러 부류의 사람들이 모이며, 전국적 조직망을 갖추고 있는데다가 신앙인이 지켜야 할 '사회적' 의무를 가르치고 있었기 때문에 조선인으로서 상당한 수준의 민주주의 훈련을 받을 수 있는 거의 유일한 장소였다. 특히 개신교의 교회형태는 대의(代議) 민주주의를 실습하기에 적합했다.[21]

---

19 최종고, 『한국 법사상사』 (서울대학교 출판부, 2001), p. 193; 백낙준, 『한국개신교사』 (연세대출판부, 1972)
20 최종고, 『한국 법사상사』 (서울대학교 출판부, 2001), p. 193
21 Paul S. Crane, *Korean Patterns* (Seoul: Hollym Corporation, 1967), p. 171. 그 결과, 1948년 첫 번째 국회가 열릴 당시 남한의 총인구에 대한 기독교인의 비율은 4퍼센트에 불과했으나 당선 국회의원의 42퍼센트가 기독교인이었다.

나치의 폭압에 저항

히틀러가 정권을 잡고 있었을 때 독일의 지식인들은 나치의 압제 아래 숨소리도 제대로 내지 못했다.[22] 과학자 알베르트 아인슈타인은 이 시절 "진리를 수호한다고 자부하던 대학교들, 열정적으로 자유에 대한 사랑을 외치던 일간지들, 현대의 삶에서 자유가 차지하는 비중에 대해 자주 글을 쓰던 문필가들이 모두 입을 다물었다."라고 증언했다.[23]

이 폭압에 맞서 대항했던 조직은 그나마 몇몇 그리스도인 단체외에는 없었다. '독일 복음주의 교회협의회'는 1936년 대담하게도 히틀러에게 경고장을 보냈으며,[24] '고백교회동맹'은 2천 개의 강단 및 모든 가능한 경로를 동원해서 끊임없이 정권을 비판했다.[25] 이들의 투쟁에 감명을 받은 아인슈타인은 "오직 교회들만 진리를 짓밟기 위한 히틀러의 출정길에 떡 버티고 섰다."면서 "나는 전에는 교회에 그다지 관심이 없었으나 지금은 큰 애정과 존경을 느낀다."라고 말했다.[26]

---

22 Oliver R. Barclay, *Reasons for Faith* (London: IVP, 1974), p. 124
23 Henry P. van Dusen, *What the Church Is Doing* (New York, 1943), p. 53
24 *Memorandum Submitted to Chancellor Hitler*, June 4, 1936. 이 각서엔 독일 복음주의 교회협의회의 다섯 목사가 서명했다.
25 John Young, *The Case against Christ* (London: Church Pastoral Aid Society, 1978, 2nd ed.), p. 21
26 Henry P. van Dusen, 위와 같음.

아프리카 민주화 운동의 구심점

아프리카의 신생국가들이 20세기에 들어와 독립을 쟁취한 후 사회·정치·경제적 혼란에 휩싸여 법과 치안질서가 엉망이었던 수십년 동안 교회가 도덕적, 영적 구심점이 되어 안정을 부여했다고 영국 리즈 대학의 교수 케빈 워드는 말한다.[27] 또 남아프리카 공화국에서 흑인들이 인종차별적인 소수 백인의 통치에 맞서 투쟁할 때 교회는 흑인사회를 대표하는 기관이었으며, 투투, 보이작 같은 성직자들이 연합 민주전선(UDF)을 조직하여 민중을 동원, 백인 정권을 몰아내는 데 앞장섰다.[28]

한국 문제의 탁월한 전문가였던 브루스 커밍은 박정희 대통령이 유신 독재체제로 다스렸던 1970년대와 전두환 대통령이 강압적으로 통치하던 1980년대에 "교회는 저항의 본거지였다."면서[29] 1970년대 이후 그리스도인의 증가와 교회의 역할이 한국의 중산층으로 민주화를 열망케 하는 기폭제가 되었다고 분석했다.[30]

---

27 Kevin Ward, *In a World History of Christianity* ed. by Adrian Hastings (London: Cassell, 1999), p. 229

28 위와 같음.

29 Bruce Cumings, *Korea's Place in the Sun* (New York: W. W. Norton & Company, 1997), p. 371, p. 387

30 같은 책, p. 389

자유의 비전이 세계로 확산

청교도가 자유를 찾아 신대륙으로 건너가서 건국할 때 세웠던 원리들은 미국을 역사상 전례 없이 자유로운 땅으로 만드는 기초가 되었다. 제2차 세계대전 후 미국은 일본에 직접적으로 민주주의를 이식했으며, 인도는 영국의 식민지 통치에서 벗어나 세계 최대의 민주주의 체제를 세웠다.

식민주의자들처럼 무력으로 자유를 위협하는 자들에게 있어 기독교회는 눈엣가시였으며, 타협 못할 대적이었다. 케냐 나이로비 대학의 교수인 무감비는 "아프리카 민족들이 존엄성을 지키기 위한 투쟁에 힘을 모아서 제국주의 열강들의 식민지 지배를 좌절시킬 수 있었던 것은 인간의 자유에 대한 기독교의 확증 덕분"[31]이라고 말했다. 독재정치가 오랫동안 이 땅 위의 대부분 지역을 다스려 왔지만, 개인의 존엄성과 자유를 추구하는 기독교의 비전은 지난 1백 년 동안 전 세계에 걸쳐 보편적인 가치로 자리잡아가고 있는 추세다.[32]

---

31 J. N. K. Mugambi, *African Heritage and Contemporary Christianity* (Nairobi, Kenya: Longman Kenya Ltd., 1989), p. 137

32 *God & Culture* ed. by D. A. Carson & John D. Woodbridge (Grand Rapids, MI: Eerdmanns, 1993), pp. 195f

기독교 가치관이 국가 청렴도를 높임

　종교가 한 나라의 문화에 미치는 영향력은 완만히 축적되었다가, 수 세기를 지나면 뚜렷하게 표면으로 떠오르게 된다. 힌두교는 오늘날의 인도를, 이슬람교는 오늘날의 서남아시아와 북아프리카를 만들었다. 유교와 불교의 전통은 오늘날의 중국인, 한국인, 일본인의 의식구조를 형성했다. 로마 가톨릭은 오늘날의 남유럽과 라틴아메리카의 기초를, 개신교는 오늘날의 북유럽과 북미의 기초를 놓았다고 볼 수 있다.

　국제투명성기구(TI)가 세계 각국을 대상으로 부패지수를 산정하여 2018년 발표한 수치[33]에 따르면, 종교적 격차가 확연하게 드러난다. 세계 180개 나라 중 1위부터 13위까지, 곧 가장 청렴한 국가군에는 덴마크를 필두로 뉴질랜드, 핀란드, 스웨덴, 스위스 등 개신교 전통의 나라들이 거의 독점하다시피 했고, 힌두교의 인도는 78위, 불교 전통의 국가들은 중하위권에, 이슬람교가 절대 강세인 국가들은 대부분 최하위권에 머물렀다.[34]

---

33 https://en.wikipedia.org/wiki/Corruption_Perceptions_Index, https://ko.wikipedia.org/wiki/%EB%B6%80%ED%8C%A8_%EC%9D%B8%EC%8B%9D_%EC%A7%80%EC%88%98

34 https://en.wikipedia.org/wiki/Corruption_Perceptions_Index

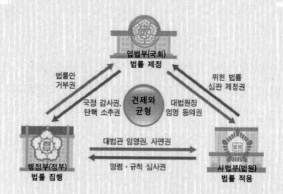

입법부(국회)
법률 제정

법률안
거부권

위헌 법률
심판 제청권

국정 감사권,
탄핵 소추권

견제와
균형

대법원장
임명 동의권

행정부(정부)
법률 집행

대법관 임명권, 사면권

명령·규칙 심사권

사법부(법원)
법률 적용

우리나라를 비롯한 많은 민주 국가의 헌법에는 독재를 막기 위해 입법, 사법, 행정의 세 가지 권력기관이 분립하되, 서로 견제하여 균형을 이루는 장치가 내장되어 있다. 종교개혁자 장 칼뱅은 정치 기구를 여럿 세워서 서로 보완하며 통제하도록 하는 견제와 균형 (Check and Balance)의 개념을 창안했다(Wikipedia, "Separation of Powers"). 민주주의의 장점을 잘 알고 있던 그는 "하나님께서 백성이 스스로 정부와 관리를 선택할 수 있도록 허락하신다면 너무나 귀중한 선물이 될 것"이라고 말했다.

PART 10
경제개혁

66

가장 역동적인 사업가는 개신교의 네덜란드에서 발견되고,
가장 활발한 산업발전은 개신교 영국에서 발견되는데,
두 나라 모두 칼뱅주의로 채색되어 있음은 우연의 일치에 불과한가?

– 리처드 던(20세기 미국의 역사학자)

99

노동 천시 풍조 바꿈

사농공상이라 하여 육체적 노동을 천시하는 경향은 조선시대 양반들에게만 국한되지 않는다. 그리스의 철학자 플라톤은 그가 제시한 이상 국가론에서 농업과 관련된 육체노동을 노예들의 몫으로 규정했다.[1] 아리스토텔레스는 그리스 시민이라면 농업이나 상공업에 종사해선 안 되고, 노동보다 여가를 찾아 묵상에 힘써야 한다고 보았다.[2]

성경은 노동에 대해 긍정적 가치를 부여하고 있다. 하나님께서는 인간이 타락하기 이전에도 에덴동산을 관리하는 일을 주셨으며, 율법을 부여하실 때는 "엿새 동안은 힘써 네 모든 일을 행하라."[3]라고 명령하셨다. 이스라엘의 정신적 지도자 랍비들은 율법을 가르칠 뿐 아니라 손수 장사나 노동을 해서 생계를 유지했다.[4] 예수님은 이 세상에서 오랫동안 목수로서 육체노동을 하셨으며, 사도 바울은 텐트 만드는 일을 했고, 교회에 "사람이 일하기를 싫어하면 먹지도 말라."[5]라는 교훈을 남겼다.

---

1 R. Hooykaas, *Religion and the Rise of Modern Science* (Grand Rapids, MI: Eerdmans, 1972), p. 76

2 같은 책, pp. 77f

3 출애굽기 20:9

4 William Barclay, *Ethics in a Persmissive Society* (Glasgow, UK: William Collins, 1979, 9th ed.), p. 94

5 데살로니가후서 3:10

노동 중시

중세시대의 여러 수도 종단에서 노동은 의무였다. 모든 수도사들이 수도원의 농장이나 정원에서 힘써 일했다. 귀족 출신의 수도사라고 해서 이러한 의무를 면제받을 수 없었다. 수도원들은 농지를 개간하고 경작했을 뿐 아니라 농작물 관리 및 경작법의 개량 발전에 있어서 적지 않은 공헌을 했다. 특히 수도원들은 포도원을 잘 가꾸고 좋은 포도주를 만드는 것으로 유명했다.

그러나 중세시대의 교회는 세월이 지남에 따라 성직과 세속 일을 점점 더 엄격히 구분했으며, 농업이나 상공업은 성직보다 격이 낮은 것으로 여겼는데, 이것은 성경보다도 그리스 철학의 이원론적 영향을 많이 받은 결과였다. 이 시대의 대표적 신학자 토마스 아퀴나스는 "묵상하는 삶은 행동하는 삶보다 훨씬 낫다."라고 말함으로써 육체노동의 가치를 한 단계 낮췄다. 이러한 이원론적 견해는 특히 로마 가톨릭과 동방정교에 지대한 영향을 미쳤다.

직업에 귀천이 없음을 선언

　종교개혁자들은 '세속적' 직업과 노동을 천시하던 추세를 성경의 관점으로 돌려놓았다. 마르틴 루터는 교황, 주교, 사제, 수도사들이 평신도보다 우월하다는 교황청의 주장에 근거가 없다고 판단했으며, 그때까지 수도사나 성직자의 직분에 한정되던 하나님의 부르심, 곧 소명(calling)이란 말의 의미를 확장시켜 세상의 다양한 직업들도 포함시켰다.

　칼뱅은 루터의 소명에 대한 견해를 구체화하여, 하나님께서 각 사람을 부르셔서 나름의 일을 맡기셨다는 점, 그리스도인은 그 부르심에 순종하여 살아야 한다는 점, 그 부르심에는 귀천의 구분이 없다는 점 등을 강조했다. 중세의 담장을 넘어선 그의 견해는 세상을 근대로 이끄는 힘이 되었다.[6] 루터와 칼뱅 등 개혁자의 탁견을 물려받은 복음주의자들은 사람마다 하나님의 소명을 성실히 수행할 것을 가르쳤다. 이들에게 시간을 허비하거나 일에 게으른 것은 심각한 도덕적 문제였다.

6　Williston Walker, *A History of the Christian Church* 송인설 역, 『기독교회사』 (크리스챤 다이제스트, 중판 1993), pp. 629f

모든 노동에 존엄성 부여

종교개혁자들은 그리스도인의 직업에 상하차별이 없으며, 오직 다양성이 존재할 뿐임을 가르쳤다. 그들은 모든 신자가 '하나님 앞에서'(Coram Deo) 제사장이라고 주장함으로써 직분상의 성속(聖俗) 구분을 해제하는 대신, 모든 신자들이 세상으로 나가 직업을 갖고 창조적인 활동을 마음껏 펼칠 수 있도록 길을 터놓았다. 음악가 바흐와 화가 렘브란트는 이러한 개혁으로 얻은 대표적 열매였다. 직업은 하나님께 대한 최상의 봉사영역으로 여겨졌다.

칼뱅주의 신학자로서 네덜란드의 수상과 외교관을 역임했던 아브라함 카이퍼는 "사람이 어디에서 무엇을 하든지, 손을 대는 분야가 농업이든 상업이든 공업이든, 아니면 머리를 쓰는 예술과 과학이든, 어떤 일을 하든지 간에 그는 언제나 하나님의 면전에 서 있으며 하나님을 섬기는 일에 종사하고 있다."[7]라고 말했다. 정직한 상인 또는 주부로의 소명은 외교관의 소명만큼이나 존엄한 것이다.

---

7 Abraham Kuyper, *Lectures on Calvinism* (Grand Rapids, Mich.: Eerdmans, 1983), p. 16

청빈과 근면의 노동윤리 정립

신앙의 자유를 찾아 신대륙으로 건너갔던 청교도들은 자신의 직업에 대한 열정도 뜨거웠다. 맡은 일에서 탁월성(excellence)을 추구하는 것은 청교도들의 좌우명이었다. 그들은 이 지상에서 하고 있는 자신의 일은 곧 하나님으로부터 위임받은 것으로 믿고, 변호사든 구두 수선공이든 각자 맡은 직업에 충실히 임했다. 신대륙에서 초기 청교도들의 사회를 이끌었던 지도자 존 코튼 목사는 "(직업으로) 사람을 섬기는 것은 곧 하나님을 섬기는 것"이라면서 각자 맡은 일에 최선을 다할 것을 촉구했다. 이러한 직업윤리는 이민 사회에서 게으름과 태만을 쫓아내는 데 크게 이바지했다.

일반적으로 청교도들은 수수한 옷을 입고 다녔으며, 착실하고, 정숙했으며, 청빈하고, 근면했다. 영국에도 상당수의 청교도들이 남아있었는데, 그들이 없었다면 산업혁명도 없었을지 모른다.[8]

---

8 Stewart C. Easton, *The Heritage of Western Civilization* (New York: Holt, Rinehart and Winston, Inc. 1970), p. 638

미국의 직업윤리 정립

 청교도들은 개인적 소명의식과 더불어 사회적 책임도 잊지 않았다. 18세기 초에 그들을 이끌었던 코튼 목사는 "하나님과 그 은혜를 바라는 사람은 정당한 소명과 직업을 발견하고 나서야 마음 편하게 지낼 수 있다."라면서 "정당한 소명이란 곧 공익에 도움이 되는 일"이라고 못 박았다.[9]

 청교도들의 하나님께서 주신 소명에 대한 철저한 장인의식 및 직업의 사회적 책임에 대한 인식은 현대의 직업윤리로 이어져 부강한 미국을 만드는 데 크게 기여했다. 오늘날 미국의 직업윤리는 '태만과 게으름은 악하다', '노동은 선하다', '부를 축적해서 방탕하거나 사치스러운 곳에 써서는 안 된다', '검소하게 살고 재물을 저축 및 투자하는 데 쓴다면, 부자가 되는 것은 죄가 아니다' 등으로 간추릴 수 있다.[10] 미국이 세속화되었지만, 아직도 부강한 나라로 남아있는 이유는 아직도 청교도적 노동윤리의 유산이 사회를 떠받치고 있기 때문일 것이다.

9 Carl N. Degler, *Out of Our Past* (New York: Harper Colophon Books, 1970 revised ed.), p. 7
10 Sidney A. Williams in Carl F. H. Henry, *Baker's Dictionary of Christian Ethics* (Washington D.C.: Canon Press, 1973), p. 79

개신교 윤리가 노동 효율성 촉진

독일의 사회학자 막스 베버는 그의 유명한 책『개신교 윤리와 자본주의 정신』에서 근면과 청빈을 높이 평가하는 개신교 윤리가 자본의 축적과 사업의 합리적 조직 등을 촉진시켜[11] 자본주의를 촉발시켰으며, 생산과 경제적 성과를 높였다고 주장했다.

역사학자 토인비는 프랑스의 신교도(위그노)들이 "근면했을 뿐 아니라 뛰어난 기술을 소지하고 있었다."라고 평가하면서[12] 그들에 대한 프랑스 정부의 박해가 심해져 위그노들 태반(40여 만 명)이 다른 나라로 대거 이주했던 1685년 이후 프랑스는 빈궁해지고, 피난민들을 받아들였던 나라들(네덜란드, 스위스, 잉글랜드, 스코틀랜드 등)은 부강해졌다고 분석한다. 종교에 대한 편견으로 귀한 노동자원을 잃은 프랑스가 국가 경쟁력의 손실을 맛본 것은 당연한 결과였다. 프랑스는 북아메리카 및 인도의 지배권을 놓고 벌인 전쟁에서 영국과 네덜란드에 잇달아 참패했다.

---

11 Franklin Le Van Baumer, *Main Currents of Western Thought* (New York: 3rd ed., Alfred A Knopf, 1970), p. 173

12 Arnold Toynbee, *Mankind and Mother Earth* 강기철 역 『세계사』 (일념, 1991), p. 578

인류에게 주기적인 휴식 선물

　기독교가 들어오기 전의 동양에서 주기적인 휴식이란 개념은 존재하지 않았다. 오늘날 한국인을 포함한 거의 전 인류가 일주일에 적어도 하루는 쉴 수 있게 된 것은 두말할 것도 없이 유대-기독교의 전통 덕분이다.

　하나님께서 온 세상을 엿새 동안 창조하시고 일곱째 날에 쉬셨으며, 모세는 이스라엘을 이집트에서 이끌어 낸 후 일곱째 날에 아무 일도 하지 말 것을 율법으로 공포하였고, 기독교회는 초창기부터 매주 첫날을 예배드리는 날로 구분했다. 기독교로 개종한 콘스탄티누스 황제가 일요일을 주간 휴일로 정하여 그날은 노동을 금하도록 법령을 반포한 이후 일주일에 한 번 쉬는 것은 국제적인 규범으로 발전했다.

　프랑스 혁명을 주도했던 무신론자들과 러시아 혁명을 일으켰던 무신론자들은 기독교 전통에 맞서 열흘에 한 번 쉬도록 제도를 바꿔봤지만 완전히 실패했다.

휴식의 중요성 일깨움

성경은 "일은 선이고 쉼은 악이다."라고 결코 말하지 않는다. 성경은 하나님께서 엿새 동안 창조하는 일을 마치신 후 쉬셨고, 새로워지셨다(he rested, and was refreshed-출애굽기 31:17, RSV)고 말한다. 예수님께선 제자들이 일에 시달릴 때 일을 중단하고 물러가서 원기를 회복하자고 제안하시기도 했다.[13]

종교개혁자 칼뱅은 "하나님께서는 우리의 필요뿐 아니라 우리의 쾌락과 기쁨도 배려하신다."[14]라고 가르쳤으며, 그의 가르침을 따랐던 청교도들은 몸의 즐거움도 존중했다. 청교도들은 즐거움을 위해 사냥, 낚시, 축구, 볼링, 독서, 음악 연주와 감상, 수영, 스케이팅, 활쏘기 등의 다양한 활동을 즐겼다.[15] 청교도가 경계했던 것은 쾌락 그 자체가 아니라 그 쾌락을 과도히 사용하는 것이었다. 청교도 목사 리처드 백스터는 "집이 허물어지면 집안사람들이 다치는 법"이라면서 적절한 휴식으로 몸의 건강을 잘 유지해서 살 것을 당부했다.[16]

---

13 마가복음 6:30-32
14 요한 칼뱅, 「기독교 강요」; Carl N. Degler, *Out of Our Past* (New York: Harper Colophon Books, 1970 revised ed.), p. 9에서 인용
15 Hans-Peter Wagner, *Puritan Attitudes Towards Recreation in Early 17th Century New England* (Frankfurt: Verlag Peter Lang, 1982)에서 인용; Leland Ryken, *Worldly Saints*, 김성웅 옮김 「청교도-이 세상의 성자들」 (생명의 말씀사, 1995), p. 29
16 Richard Baxter, *Praise and Meditation*; William Barclay, *Ethics in a Persmissive Society* (Glasgow, UK: William Collins, 1979, 9th ed.), p. 127

회계학의 원리 발견

이탈리아의 수도사 루카 파치올리는 『대수, 기하, 비례와 비율』 이라는 책(1494년 발간)에서 근대 회계학의 기초가 되는 복식부기(複式簿記)를 설명함으로써 "근대 회계학의 아버지"라는 칭호를 얻었다. 이 책에서 그는 상업의 모든 거래는 "하나님의 이름으로" 이뤄져야 한다고 주장했다.

그가 착안한 "자산=부채+자본"이라는 회계의 기본원리는 기업의 운영방식을 혁신시켰으며, 경영의 효율성과 수익성을 크게 개선시켰다. 루카가 그 책에서 회계에 관해 서술한 부분은 16세기 중엽까지 여러 나라에서 회계의 교본으로 사용되었으며, 그가 소개한 복식부기의 핵심은 오늘날에도 회계학에 고스란히 남아서 활용되고 있다.

그가 쓴 책을 바탕으로 더욱 정교해진 각종 회계 안내서들이 16, 17세기에 독일, 영국, 네덜란드에 등장해서 이들 나라의 상업을 촉진시켰다.

경제의 판도 바꿈

유럽의 경제와 지성의 리더는 16세기까지만 해도 남유럽의 이탈리아와 스페인이었으며, 이들 국가가 유럽에서 권력, 부, 산업, 지성의 중심이었다. 스페인은 세계적 강국이었고, 이탈리아도 부유하며 지적으로 활기에 넘쳐 있었고, 남부 독일이 유럽의 산업 중심이었다. 그러나 17세기 말에 들어서면서 경제와 지성의 중심이 스페인, 이탈리아, 플랑드르 및 남부 독일로부터 북쪽 지역인 영국, 네덜란드, 스위스와 발트해 연안 도시들로 이동한다.

이 변화의 근본원인으로 옥스퍼드 대학의 근대역사학 교수인 트레버-로퍼는 종교를 지목한다.[17] 그는 북쪽의 개신교 국가들이 부상하게 된 것은 그들이 경제에 있어서 가톨릭 진영 국가들보다 더 진취적이었기 때문이라고 말한다. 가톨릭 진영에선 유일하게 프랑스가 19세기에 접어들면서 개신교의 경제 이념을 받아들이고 나서야 자신을 앞섰던 프로테스탄트 이웃들을 따라잡을 수 있었다고 한다.

---

17 H. R. Trevor-Roper, *Religion, the Reformation and Social Change* (London: Macmillan, 1972), p. 2

개신교도가 국가 경제 부흥시킴

프랑스나 오스트리아 같은 가톨릭 국가에서도 산업을 확립하고 부흥시킨 주역은 칼뱅주의 개신교 신자(위그노)들이었다.[18] 프랑스의 앙리 4세나 재상 리슐리외 같은 국가 지도자들은 개신교도인 바르텔레미 데르바르트에게 나라의 재정을 맡겼으며,[19] 가톨릭의 맹주였던 스페인의 펠리페 4세 역시 그의 군대를 유지하기 위해 스위스의 칼뱅주의자 프랑수아 그레뉘를 등용해야만 했다.

17세기 이후 칼뱅주의자들은 막강한 실업가였으며 경제적 엘리트로서 국제적인 힘을 가지고 있었다. 그러므로 역사가 리처드 던은 "가장 역동적인 사업가는 개신교의 네덜란드에서 발견되고, 가장 활발한 산업발전은 개신교 영국에서 발견되는데, 두 나라 모두 칼뱅주의로 채색되어 있음은 우연의 일치에 불과한가? 가톨릭 국가인 프랑스의 사업계마저 위그노(프랑스의 칼뱅주의자)가 그토록 두드러지는 것은 무슨 이유인가?"[20]라고 반문한다.

---

18 같은 책, p. 6
19 데르바르트는 프랑스의 경제역사에 유명한 인물로, 30년 전쟁 때 그는 탁월한 재정적 수완으로 프랑스를 국난에서 건졌을 뿐 아니라 많은 신교도들을 재정부에 천거, 등용시켰다. 프랑스의 역사학자 E. G. 레오나르는 데르바르트 이후 프랑스에서는 프로테스탄트 재정이 본격화되었다고 평한다. E. G. Léonard, *Le Protestant français*, p. 52; Trevor-Roper, *Religion, the Reformation and Social Change* (London: Macmillan, 1972)에서 재인용
20 Richard S. Dunn, *The Age of Religious Wars*: 1559~1648 (New York: W. W. Norton and Company, Inc., 1970), p. 117; D. James Kennedy, *What if Jesus Had Never Been Born?* (Nashville, TN: Thomas Nelson, 1994), p. 112에서 인용

개신교도가 경제적 능력 발휘

막스 베버는 신·구교도들이 공존하는 국가들을 관찰한 뒤 경영지도자들, 자본소유자들, 숙련기술자들 가운데 칼뱅주의자들이 압도적인 비율로 많다는 사실을 발견하고, 개신교도의 절제와 금욕주의가 자본주의의 발전을 가져왔다는 결론을 내렸다. 베버 자신은 개신교에 호의적이지 않았지만, 신앙심이 사람들의 생활방식과 목표를 형성함으로써 합리적이고도 검소한 경제생활을 촉진한다는 점을 강조했다.

베버의 연구 결과는 현대에도 유효함이 입증된다. 브리태니커 백과사전에 따르면, 1960년대 이후의 연구결과에서도 개신교 전통에서 양육된 사람들은 가톨릭 교도들보다 경제적 수완을 발휘하는 가능성이 높다는 결론이 나왔다고 한다.[21] 칼뱅 및 그의 제자들이 발전시킨 개신교의 노동윤리를 받아들였던 나라들은 인류 역사상 유례가 없었던 경제 및 문명의 약진을 이룩했다.

---

21 Encyclopaedia Britannica 15th ed., 1984. macro. xv. *Religion, Social Aspects of.*

PART 11
지성혁신

인간은 하나의 갈대에 불과하며 자연 가운데 가장 연약하다.
그러나 인간은 생각하는 갈대다…우리의 모든 위엄은
생각하는 능력에 있다. 따라서 잘 생각하도록 하자.

– 블래즈 파스칼의 『팡세』에서

PENSE'ES
DE
M. PASCAL
SUR LA RELIGION
ET SUR QUELQUES
AUTRES SUJETS.

◀ 프랑스가 낳은 천재 파스칼은 기독교의 탁
월함을 지성적으로 논증하기 위해 『팡세』
를 썼다. 종교개혁 이후 지성의 혁신이 일
어나 교육과 과학의 비약적 발전이 잇달은
것은 결코 우연이 아니다.

서구의 지성 양육

주후 500년에서부터 950년까지 유럽에서는 기독교의 수도원들이 경영하는 학교 외에는 학문을 배울 수 있는 곳이 없었다. 그 이후에도 교육의 중심지는 수도원과 대성당이었다. 현대적 개념에서의 대학교(university) 역시 기독교에서 나왔다. 대학의 설립은 특히 13, 14세기에 본격화되었다. 초창기 대학들은 거의 예외 없이 교회재단에 속했으며, 각 대학에서 가장 존중되었던 학과목은 두말할 나위 없이 신학이었다.

기독교가 성취해 놓은 바탕이 없었다면, 르네상스도 존재할 수가 없었다.[1] 또 근대의 과학적 안목과 방법론의 기초를 놓았던 이들은 대부분 기독교 신앙으로 살았던 사람들이었다.[2] 문예부흥기의 대표적 인문주의자들도 대부분 교회의 일원으로서 교회의 직임을 갖고, 교회의 보조를 받고 있었다. 그들이 종종 그 시대 교회를 비판했어도 적어도 표면적으로는 정통적 기독교인으로 남아있었다.[3]

---

1 Kenneth S. Latourette, *A History of the Expansion of Christianity* (New York: Harper & Row, 1970) vol. 2, p. 393. 라투레트는 르네상스에 기독교적인 특성과 반기독교적인 특성이 섞여있다고 분석했다.
2 Kenneth Scott Latourette, *A History of Christianity* 윤두혁 역 『기독교사』 (생명의 말씀사, 1980) II, p. 103
3 같은 책, pp. 173-175

종교개혁이 지성의 향상 촉진

종교개혁자들은 남녀노소 모든 사람이 하나님의 말씀을 읽고 배우기를 원했으므로 성경을 각 나라의 언어로 번역하기를 힘썼다. 그 결과, 성경을 읽을 수 있는 사람의 숫자가 폭발적으로 늘어났으며, 시의적절하게 발달한 인쇄술 덕분에 많은 서구인들은 성경 외에도 신앙을 주제로 집필된 다양한 책자를 접할 수 있게 되었다. 당시 종교가 서구인들의 가장 중요한 관심거리였으며, 요즘처럼 읽을거리가 많지 않았다는 점을 감안하면, 성경번역이 서구의 지성에 어느 정도의 자극을 주었는지를 짐작하기란 어렵지 않다.

기독교의 신학 논쟁 역시 신자들의 지성을 깨웠다. 신교와 구교 모두 신앙교육을 위한 교리문답서를 제작했으며, 신교는 교육받을 수 있는 기회를 소수의 귀족층으로부터 만민에게로 확대시켰다. 일반 대중이 성경을 비롯한 각종 책자들을 가까이할 수 있게 되면서 서구사회에서 지식의 총량이 갑자기 불어났다.

지성계발의 모범

마르틴 루터는 신변의 안전을 위해 바르트부르크 성에 은거했던 9개월 동안에 12권의 책을 썼고 신약성경 전체를 원어인 그리스어에서 독일어로 번역했다. 그가 후일 완역한 신·구약성경은 근대 독일어로 씌어진 모든 문헌 중 중요성을 갖는 첫 번째 책이 되었으며, 독일어에 있어서 불후의 표준이 되었다.[4] 독일인들은 루터의 책들을 없애라는 교황의 대칙서를 무시하고 루터가 집필한 다양한 책자들을 열심히 읽어 개혁정신을 빨아들였다.

장 칼뱅은 병약한 몸이었음에도 불구하고 설교와 교육과 저술 활동을 쉬지 않았고, 방대한 서신교환을 했으며, 입법 및 법 실행과 행정 문제에 조언했을 뿐 아니라 성경 대부분의 책에 관한 주석을 썼다. 감리교의 창시자 웨슬리 역시 순회 전도자로서 어디를 가든지 책을 가까이했던 인물이었다. 그는 기회가 닿는 대로 책을 읽고 글을 썼을 뿐 아니라 문학을 장려하여 양서의 출판 및 유통을 후원했다.

---

4 James H. Robinson, *Medieval and Modern Times* (Boston: Ginn and Company, 1926), p. 302

PART 12
교육혁신

"

기독교의 교육 시스템에서
오늘날의 대학교(university)가 탄생했다.

– 브리태니커 백과사전

"

 ◀ 세계적인 명문대로 꼽히는 영국 옥스
퍼드 대학의 휘장 안에는 "DOMINUS
ILLUMINATIO MEA", 곧 "주님은 나
의 빛"이라는 문구가 적혀있다.

교육발전의 기초

세상 어느 곳이든지 전통적 교육 목적은 기존 사회질서의 유지[1]였고, 교육의 방법은 암기였다. 학습의 초점은 과거의 문체를 되도록 고스란히 모방하는 것이었으며, 교수법은 엄격하고 권위적이었다. 기독교는 인류의 교육 목적과 방법에 있어서 획기적인 변화를 일으켰다.

기독교는 사상 처음으로 교육의 기회균등을 주장하여 배움의 기회를 모든 사람에게 열어주었으며, 세계 최초의 대학교와 유치원을 탄생시켰고, 근대교육의 철학과 체계를 앞장서서 구축했다.

오늘날 국제적 명성을 누리고 있는 하버드, 프린스턴, 예일, 옥스퍼드, 케임브리지, 파리 대학교 등의 명문들도 그 기원은 기독교며, 원래의 목적은 성직자 양성이었다. 우리나라 근대교육에 기초를 놓은 이들은 다름 아닌 개신교 선교사들이었다.

---

1   Emerson Mabel 1, 『교육이념의 진화』, p. 5; E. H. Wilds, 김봉수 역 『서양교육사』 (학문사), p. 29

서구의 교육체계 수립

유럽의 교육 역사에 있어서 그리스인과 로마인의 영향을 무시할 수 없겠지만, 오늘날 서구식 교육체계의 기초를 놓은 주역은 그들이 아니라 그리스도인들이었다. 이에 대해 브리태니커 백과사전은 기독교가 이전의 그리스와 로마의 교육사상과 관련 없이 독특한 교육제도를 구축했다면서 "기독교회가 서구식 교육체제의 기초를 놓아주었다."[2]라고 잘라 말한다.

기독교는 서양 학문의 기초를 놓아주었을 뿐 아니라 교육대상의 범위를 넓혀주었다. 주후 1500년까지 서구의 대학들이 교회의 보호 아래 생겨났으며, 주후 1500년에서 1800년 사이엔 종교개혁자들의 비전을 좇아 교육의 대상이 일반대중에게로 확대된다.

서구의 지성과 학문이 발전하고 교육이 다른 지역을 결정적으로 앞서게 된 계기는 기독교의 영향력이 그들 삶의 각 방면에 두루 퍼지면서부터다.

---

2 Encyclopaedia Britannica 15th ed., 1984, macro. vol. 4, *Christianity: The Relationship between the Christian or Christian Institutions and Scholarly Activities and Educational Institutions*

대학교 탄생

기독교의 교육 시스템에서 오늘날의 대학교(university)가 탄생했다.[3] 12세기 이전의 서구에선 수도원이나 교회 부설 학교에서가 아니면 교육을 받을 수 있는 통로가 없었다. 교회 부설 학교가 12세기 이후 크게 확장되면서 소년들이 문법과 기본과목을 배우는 하급학교와 고등학문을 배우는 상급학교로 분화되었으며, 이 상급학교들 중의 상당수가 13세기가 시작될 무렵 대학교로 발전했다.

초창기의 대학교는 순전히 교회를 섬기는 기관이었으며, 설립 목적은 성직자 양성, 핵심과목은 신학이었다. 중세시대 서구의 지성을 대표했던 파리 대학교는 본질적으로 성직자 양성 기관으로서 핵심과목이 신학이었다.[4] 옥스퍼드 대학교 역시 성직자 배출이 주목적이었다. 그 문장(紋章)에는 지금도 "주님은 나의 빛"(Dominus illuminatio mea)이라는 라틴어가 적혀있다. 그러나 종교개혁 전까지 교육은 사제와 귀족에게만 한정되어 있었다.

---

3 위와 같음.
4 Encyclopaedia Britannica 15th ed., Christopher Dawson, *Religion and the Rise of Western Culture* (New York: Image Books, 1958), p. 224

만인에게 교육받을 기회 개방

개신교의 출현으로 교육이 개선되었다.[5] 종교개혁이 교육에 미친 가장 큰 영향은 초등교육의 확장, 곧 보편화라고 하겠다.[6] 루터를 비롯한 개혁자들은 모든 사람이 하나님의 말씀을 읽고 연구하기를 원했으므로 온 국민이 글을 읽고 쓸 수 있도록 교육에 힘썼다.

루터는 의무교육을 주장함으로써 근대교육의 새로운 장을 열었던 최초의 개혁자였다.[7] 그는 모든 계층의 모든 어린이들이 학비를 내지 않고 무료로 교육을 받아야 한다고 주장했다.[8] 루터는 "정부는 인민이 그 자녀를 학교에 보내도록 강권할 의무가 있다."[9]면서 많은 학교를 설립해 달라고 정부에 요청했다. 이어서 루터의 동료 멜랑톤이 '초등학교'(Volksschule)를 탄생시켰으며, 대학교의 교과 과정을 재편성했다. 이에 대해 미국 미시간 대학교의 메들린 교수는 "유럽 역사에서 고대 이후 가장 중요한 교육의 발전"이라고 평가했다.[10]

---

5 Encyclopaedia Britannica 15th ed., 1984, macro. vol. 6, *History of Education* p. 349
6 위와 같음.
7 E. H. Wilds, 김봉수 역 「서양교육사」(학문사), p. 230
8 Lawrence Cunningham & John Reich, *Culture and Values* (New York: CBS College, 1985, alternate ed.), p. 275
9 마르틴 루터, "자녀를 학교에 보내는 의무에 관한 설교"(1520)에서
10 Frank E. Gaebelein, *The Christian, the Arts, and the Truth* (Portland: Multnomah, 1985), p. 131

교과과정 혁신

마르틴 루터는 중등학교의 교과과정에서 꼭 이수해야 할 교과과목으로 역사, 수학, 자연과학, 음악 및 체육 등이 추가되어야 한다고 강력히 주장했다. 이는 당시의 학교체제에서는 생각하지 못했던 파격적 제안으로, 이 모든 과목 편성의 주된 목적은 "근원으로 돌아가는 것", 곧 "그리스도를 아는 지식"에 도달하는 것이었다.[11] 교육학자 와일즈는 예체능 과목의 교육적 가치를 인정하기로는 플라톤 이후 루터가 최초라고 말한다.[12]

루터는 또 음악은 모든 근심걱정을 가슴으로부터 제거하며, 체육은 육신을 강화하며 건강을 보전시킨다고 말했다. 루터가 독일의 교육발전에 끼친 공로가 지대했으므로 교육학자 폴슨은 "독일의 철학과 과학 및 문학과 문화는 신교주의의 토양에서 배양된 것이다."면서 독일 문화의 발전은 "종교개혁이 창조한 사고의 자유와 독립이 낳은 결과로 평가되어야 한다."라고 말했다.[13]

---

11 Frank E. Gaebelein, *The Christian, the Arts, and the Truth* (Portland: Multnomah, 1985), p. 132

12 E. H. Wilds, 김봉수 역 『서양교육사』, pp. 231f

13 F. Paulsen, 『독일대학』, p. 33

현대교육의 기본 골격 세움

루터와 그 후계자들은 독일의 교육 시스템을 16세기에서 18세기에 걸쳐 비약적으로 발전시켰다. 그들의 지도 아래 교육 시스템의 골격, 즉 모국어를 배우는 초등학교, 고전을 이수하는 중등학교, 지도자를 훈련하는 대학교로 이어지는 교육의 기본구도가 16세기에 만들어졌다. 현대 유럽 및 북미의 교육제도는 그때의 골격에 살을 입힌 것이다.

보편교육을 골자로 하는 독일의 교육개혁은 곧 독일에서부터 원근 각처로 퍼져나갔다. 네덜란드의 교회는 1618년, 스코틀랜드의 의회는 1646년에 교구마다 만인을 위한 학교를 설치할 것을 규정했다. 특히 네덜란드의 개신교 학교들이 잘 체계화되고 모범이 되었으므로 훗날 미국 기독교 주간학교의 표준이 되었다.[14] 현대 국가의 교육제도를 꽃피울 씨앗이 루터와 칼뱅을 비롯한 종교개혁자들의 교육철학에 담겨 있었던 셈이다.

---

14 Frank E. Gaebelein, *The Christian, the Arts, and the Truth* (Portland: Multnomah, 1985), p. 133

교육개혁 확산

제네바에 있던 장 칼뱅은 모든 사람을 위한 보편교육을 추진할 때 목사들이 잘 교육받아 참된 신앙을 가르치고, 그 가르침을 평신도들이 잘 교육받아 이해하기를 소원했다. 이러한 취지로 설립된 학교가 오늘날 제네바 대학교의 모체가 되는 제네바 아카데미다. 훗날 청교도들은 하버드를 비롯한 미국 초창기의 대학교들을 세울 때 이 제네바 아카데미를 모델로 삼았다.[15]

칼뱅의 개혁신앙과 교육은 한몸이었다. 칼뱅주의가 가는 곳이면 반드시 학교가 세워졌고, 대중교육의 바람이 일어났다.[16] 그러므로 17세기 영국에서 교육문제를 놓고 왕정주의자들에 맞서 칼뱅의 가르침을 따르는 청교도들이 대립했을 때 왕정주의자들이 귀족자제들의 교육에만 관심을 가진 데 비해 청교도들이 빈민의 자제를 포함한 대중교육을 주창했던 것은 놀랄만한 일이 아니다.[17]

---

15 D. James Kennedy, *What if Jesus Had Never Been Born?* (Nashville, TN: Thomas Nelson, 1994), p. 44

16 Loraine Boettner, *The Reformed Doctrine of Predestination* (Philadelphia: The Presbyterian and Reformed Publishing Company, 1975), p. 396; D. James Kennedy, *What if Jesus Had Never Been Born?* (Nashville, TN: Thomas Nelson, 1994), p. 44에서 인용

17 Encyclopaedia Britannica 15th ed., 1984, macro. vol. 6, *Education, History of English Theories and Practices*

개신교의 교육개혁이 가톨릭 국가로 확장

전통적으로 가톨릭이 우세했던 프랑스도 르네상스 후기의 프랑스 고등교육을 재편성할 큰 임무를 개신교인 철학자 피에르 라뮈에게 맡겼다. 또 예수회의 로욜라와 그의 추종자들은 그 시대 최고의 교육 사상에 맞추어 예수회의 체제를 편성하려고 노력했다. 이를 위해 그들은 아이디어를 칼뱅의 스승이던 코르디에가 경영하던 기옌 대학, 칼뱅주의의 본거지였던 제네바의 대학들, 스트라스부르에 있는 요한 슈툼의 학교 등에서 차용했다.[18]

19세기의 프랑스에는 개신교 교육가들이 많았다. 대표적 인물이 프랑스 공립학교의 체계를 세운 프랑수아 기조다.[19] 그가 교육부 장관을 역임할 때 기조 법령(1833년)이 제정되어, 모든 시민이 초등교육을 받을 수 있다는 원칙이 프랑스에서 처음으로 확정됐다. 이로써 "모든 인민을 위한 교육"이라는 개신교의 모토가 프랑스 국민 대다수를 문맹에서 해방시켰다.

---

18 Frank E. Gaebelein, *The Christian, the Arts, and the Truth* (Portland: Multnomah, 1985), pp. 133f

19 위와 같음.

문자해독률을 끌어올림

개신교인들이 그토록 교육에 관심을 가졌던 이유는 그 자녀들이 하나님의 말씀을 일찍부터 읽고 실천하며 살기를 원했기 때문이다. 모든 사람이 하나님의 말씀인 성경을 읽도록 추구하는 점에서 개신교는 당시의 가톨릭과 달랐다. 그 결과, 교육문화에 있어서 개신교 국가들과 가톨릭 국가들 사이에 차이가 생기게 되었다. 19세기 프랑스의 역사학자였던 생틸레르(R. Saint-Hilaire)는 "스페인, 이탈리아, 심지어 프랑스 등 성경이 읽히지 않는 나라들을 보라. 어린이나 노동자를 위한 책들이 아무 데도 없다."라고 한탄했다.[20]

국제 교류가 아직 빈번치 않던 1900년 당시 각 나라의 총인구에 대한 문자해독자의 비율을 통계자료로 비교해 보면, 인도와 중국은 20퍼센트 이하였고, 로마 가톨릭권에 속하는 스페인, 이탈리아, 멕시코 등의 국가는 40~60퍼센트였지만, 개신교권에 속하는 모든 나라에서는 94퍼센트를 넘어서고 있었다.[21]

---

20 Chr. Ernest Luthardt, *Apologetic Lectures on the Moral Truths of Chrisitianity* trans. into English by Sophia Taylor (Edinburgh: T. & T. Clark, 1876, 2nd ed.), p. 97

21 D. James Kennedy, *Why I Believe* (London: Marshall Morgan & Scott, 1980), p. 128. 당시 비기독교권의 문자해독률은 0~20퍼센트였다.

교사 우대

종교개혁자들은 교사를 중시했다. 보기를 들자면, 대학교수 출신이었던 루터는 강단의 가르침이 청년들의 인격형성에 끼치는 영향력을 잘 알고 있었다. 그러므로 루터는 "성경을 삶의 규범으로 여기지 않는 교육기관에 자녀를 맡기지 말라."라고 말했다.[22] 그는 교사가 다른 직업보다 낮게 평가되고, 경제적으로 어렵게 사는 세태를 개탄했으며, 청소년을 성실히 훈련·교육하는 고결한 교사는 충분한 보수를 받아야 한다고 생각했다.

미국의 교육가였던 청교도 헨리 애덤스는 "교사의 영향력은 영원불멸하므로 어디쯤에서 멈출지 아무도 알 수 없다."라고 말했다. 교사의 중요성을 깨달았던 개신교 국가들은 잘 훈련받은 교사들을 존경했으며, 교사들을 엄밀히 감독함으로써 그 수준을 높은 상태로 유지하기 위해 힘썼다. 신교 사회에서 목사와 교사는 대부분 대학 이상의 고학력자였으며 당대의 일반인보다 교육수준이 높았다.[23]

---

22 J. Vernon Jacobs, *450 Stories from Church History* 이길상 역 (아가페, 1998), p. 21
23 E. H. Wilds, 김봉수 역 『서양교육사』 (학문사), p. 235

근대교육의 선구자 배출

혁명적인 교육원리를 세우고 몸소 실천하여 "근대교육의 아버지"로 추앙받는 하인리히 페스탈로치는 교육에 있어서 기독교 신앙이 얼마나 중요한지를 잘 이해했던 인물이다.

그는 인간의 발전을 자연 상태→사회적 상태→종교·도덕적 상태의 세 단계로 나누고 마지막 단계인 종교·도덕적 단계를 교육의 궁극적 목표로 규정했다.[24] 또 교육의 5대 과제를 논하면서 첫째로 "하나님이 각자에게 부여하신 능력개발"을 꼽았고, 끝으로 "인류의 완전케 됨을 기하여 믿음, 소망, 사랑을 실천하는 것"이라 했다.[25] 사실 그의 모든 책들은, "모든 대인관계의 중심은 하나님을 믿는 것"이라는 그의 사상을 표현하고 있다.[26]

그의 묘비엔 "인간, 그리스도인, 시민으로서 남을 위해 모든 것을 행할 뿐 자신을 위해선 아무것도 하지 않았다."라는 글이 적혀 있다.[27]

---

24 함세남 외, 『선진국의 사회복지 발달사』 (홍익제, 1996), p. 289
25 페스탈로치, 김정환 역 『페스탈로치가 어머니들에게 보내는 편지』 (1993), p. 167
26 James F. Cobb, *Heroes of Charity* (Edinburgh, UK: William P. Himmo, 1876), p. 181
27 He was a man, a Christian, a citizen. Everything for others; nothing for himself.
   James F. Cobb, *Heroes of Charity* (Edinburgh, UK: William P. Himmo, 1876), p. 182

유치원 창설

7세 이하의 어린이는 집중할 수 없고, 인식능력이 박약하므로 학교에서 배울 수 없다는 사회적 통념을 깨고 1837년 사상 처음으로 유치원을 개설했던 프리드리히 프뢰벨은 깊은 신앙심의 소유자로, 자신의 교육체계는 그리스도의 영에 따른 것이라고 주장했다.[28]

그는 "학교에서는 모든 것보다, 또 모든 것에 앞서서 그리스도의 종교, 곧 그리스도에 대한 신앙을 가르쳐야 한다."라고 주장하고[29] 어린이의 품행 평가기준은 교사도 어린이 자신도 아닌, 제3의 요소, 즉 기독교의 선과 진리라야 한다고 말했다.[30]

또 자연과 수학에 관한 자신의 교육철학을 피력하면서 "그리스도인만이, 기독교 신자다운 마음과 생명과 경향을 갖는 인간만이 자연의 참된 통찰과 살아있는 인식에 도달할 수 있다."면서 "이와 같은 인간만이 올바른 자연의 탐구자가 될 수 있다."[31]라고 단언했다.

28 Emilie Michaelis & H. Keatley Moore 번역, *Autobiography of Friedrich Froebel* (Syracuse, N.Y., C. W. Bardeen, 1889), pp. 3, 8, 9, 14, 19, 23, 63, 74, 119, 120; Kenneth S. Latourette, *A History of the Expansion of Christianity* (New York: Harper & Row, 1970) iv, p. 167

29 Friedrich W. A. Froebel, *Die Menschenerziehung* 서석남 역 『인간교육』 (이서원, 1995), pp. 167f

30 Encyclopaedia Britannica 15th ed., 1984, macro, vi. Education, *History of Froebel and the Kindergarten Movement*

31 Friedrich W. A. Froebel, *Die Menschenerziehung* 서석남 역 『인간교육』 (이서원, 1995), p. 169

미국교육의 기초 수립

    자신의 신앙을 자유로운 사회에서 마음껏 실천하고픈 열망을 품고 신대륙으로 건너간 개신교인들은 일찍부터 모든 사람들이 교육을 받을 수 있는 교육체계를 구축했다. 브리태니커 백과사전은 교회가 미국교육의 기초를 다 놓은 이후에야 정부가 세운 공립학교가 생겼다고 평한다.[32] 건국 초창기의 일반 교육기관들은 거의 예외 없이 교회가 세운 것들이었으며,[33] 설립을 주도했던 이들은 대부분 목사들이었다.

    청교도들은 뉴잉글랜드에 정착한 지 20년이 채 안 되어 그들의 교역자 양성을 위해 하버드 대학을 설립했으며(1636년), 세금으로 운영되는 교육제도를 창출했고(1642년), 교육법을 제정해(1647년) 50세대 이상 사는 읍(town)에는 반드시 초등학교를, 1백 세대 이상의 읍에는 중등학교를 세우도록 조치함으로써 미국교육이 발전할 수 있는 터를 닦아놓았다.

---

[32] Encyclopaedia Britannica 15th ed., 1984, macro vol. 4, *Chrisitianity: The Relationship between Christian or Christian Institutions and the Scholarly Activities and Educational Institutions*

[33] 위와 같음.

초창기 미국의 유명 대학교 설립

미국에서 가장 먼저 설립된 1백 26개의 대학 중 1백 23개가 기독교적 배경을 갖고 있다.[34] 특히 하버드나 예일, 프린스턴 등 현재 미국의 명문대학들이 설립된 기본 동기는 잘 훈련된 목회자들을 배출하기 위해서였다. 한국인의 귀에 익숙한 컬럼비아, 브라운, 뉴욕, 노스웨스턴 등의 대학도 모두 뚜렷한 기독교 정신 위에 설립되었다.[35]

하버드 대학의 이름은 청교도 목사였던 존 하버드에게서 따온 것이다. 그는 숨을 거두기 전에 학교에 재산의 절반과 자신의 모든 책들을 기증했다. 하버드 대학을 초창기에 후원하며 키워준 것은 교회였다. 오늘날 컬럼비아 대학의 전신이었던 킹스 대학이 설립된 목적은 "예수 그리스도 안에 계시는 하나님을 자녀들에게 가르쳐 깨우치는 것"[36]이었으며, 프린스턴 대학의 총장이었던 존 위더스푼은 "그리스도의 십자가에 어긋나는 모든 학문은 저주를 받을지어다."[37]라고 경고했다.

---

34 D. James Kennedy, *What if the Bible had Never Been Written* (Nashville, TN: Thomas Nelson, 1998), p. 88

35 같은 책, p. 53f

36 Paul Lee Tan, *Encyclopedia of 7,700 Illustrations: Signs of the Times* (Rockville, MD: Assurance Publishers, 1984), p. 158; D. James Kennedy, *What if Jesus Had Never Been Born?* (Nashville, TN: Thomas Nelson, 1994), p. 53에서 인용

37 위와 같음.

아시아·아프리카의 교육 선도

　기독교 선교사들은 18세기 이후 아시아와 아프리카에 수많은 학교들을 세웠다. 남아프리카의 경우 선교사들은 1800년대 중반부터 학교를 세워서 가르치기 시작했는데, 이는 이들 나라의 정부가 학교를 세우기 시작한 시기보다 무려 1백 년이나 앞선 것이었다. 라왓은 『인도교육의 역사』에서 "인도는 학습교재, 사전, 문법책의 발행 및 교육발전에 있어서 선교사들에게 영원한 빚을 지고 있다." 라고 언급한 바 있다.[38] 지금도 인도의 10대 대학 중에 과반은 기독교의 기반 위에 세워졌다.

　기독교 학교들은 현지에서 타의 추종을 불허하는 양질의 교육을 제공했기 때문에 수많은 국가적 지도자들을 배출할 수 있었다.[39] 또 여성과 천민에게도 동등한 배움의 기회를 제공했다. 그러므로 그리스도인들은 전체 인구에서 극소수임에도 불구하고 의료, 농촌 생활, 여성의 지위 등 사회 각 분야에 적지 않은 기독교적 영향을 줄 수 있었다.

---

38 https://www.encyclopedia.com/international/encyclopedias-almanacs-transcripts
　-and-maps/christian-impact-india-history

39 Encyclopaedia Britannica 15th ed., 1984, macro. vol. 4, *Christianity: The Relationship between Christian or Christian Institutions and Scholarly Activities and Educational Institutions*

우리나라 근대교육의 기초

대한민국 문화부는 외국인을 위한 한국 소개자료에서 "한국교육의 근대화에 있어서 가장 큰 공헌은 기독교 선교사들이 했다."라고 밝힌 바 있다.[40] 선교사들이 세운 사립학교는 그들이 배출해 낸 졸업생 수를 뛰어넘어 사회에 훨씬 더 큰 영향력을 미쳤다.[41]

구한말 정부가 교육개혁에 착수한 1886년에 선교사들은 남학생을 위한 배재학당, 여학생을 위한 이화학당을 세웠으며, 고아를 데려다가 경신학교를 창설했다. 이어 서울에 정신여자학교(1890년), 배화여자학교(1898년), 평양에 숭실학교(1897년)와 숭의여자학교(1903년), 개성에 호수돈학교(1904년)를 속속 설립했다. 선교사들은 조선의 학생들이 서양식 문화에 물들지 않도록 각별히 조심했다. 이화여자학교의 창설자인 스크랜턴은 "우리는 한국이 한국적인 것에 자부심을 갖기 원한다."면서 "학생들은 우리 외국인의 생활, 의복, 환경을 따르지 않는다."라고 밝혔다.[42]

---

40 *Handbook of Korea* (Korean Overseas Information Service, 문화부, 1978), p. 148

41 위와 같음.

42 Paik 1929:119; Harvie M. Conn, *In Down to Earth* ed. by John R. W. Stott and Robert Coote (London: Hodder and Stoughton, 1981), p. 152

기독교 학교가 한국의 근대화 촉진

해방 이후 문교부장관을 역임했던 교육학자 오천석은 기독교 학교들의 공헌을 회고하고 다음과 같이 정리했다.[43]

❶ 근대적 교육 목적관의 도입 개인 영달의 수단에 불과했던 유교식 교육에서 탈피하여 사회와 국가에 봉사하는 인재를 양성하는 데 주안점을 두었다.

❷ 민주교육의 이념 도입 유교적 신분사회에 도전하여 민주주의 이념을 퍼뜨렸다.

❸ 교육의 기회균등이라는 이념 도입 양반이든 서민이든, 여성이든 불구자든 모두 받아들여 교육함으로써 계급주의를 타파했다.

❹ 근대적 직업교육관 정립 노동을 천시하던 경향에서 벗어나 자립정신을 고취시켰다.

❺ 전인적(全人的) 교육사상의 도입 독서 및 한문 습득에 치중하던 틀을 깨고 연설회와 토론회를 개최하며 체조와 음악을 장려했다.

❻ 주체적 교육이념의 도입 한국이 일본을 비롯한 열강의 압박을 받던 시절, 민족자주정신을 고취하며 민족주의 교육이념을 정립했다.

---

43 오천석, 『한국신교육사』(현대교육총서, 1964), p. 76

PART 13
과학혁신

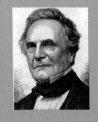

과학의 정밀함으로 자연현상을
연구하는 일은 자연이 입증하는
창조주 하나님의 지혜와 선의를
이해하고 풀이하기 위한 준비과정이다.

– 찰스 베버지(현대 컴퓨터 과학의 아버지)

종교가 없는 과학은 장님이요,
과학이 없는 종교는 절름발이다.

– 알베르트 아인슈타인

과학 발전의 토대

영국 왕립학술원의 회원이었던 조셉 니덤은 중국인들이 과거에 뛰어난 문화와 심오한 철학을 가지고 있었음에도 불구하고 근대 이후 과학 분야에서 유럽인들에게 뒤지게 된 이유를 "중국인들에겐 자연의 법칙을 구성하고 있는 암호를 해독할 수 있다는 확신이 없었기 때문"이라고 분석한다.[1] 즉, 인간보다 뛰어난 지성을 가진 창조주가 인간이 해독할 만한 법칙을 자연 속에 공식화해 놓았다는 믿음이 중국인들에겐 없었던 것이다.

성경에 따르면, 하나님의 닮음 꼴로 지어진 인간은 그분의 지성으로 창조된 우주의 법칙을 이해하며 땅을 다스릴 능력이 있다. 하나님께서 우주를 질서 있게 창조하셨음을 믿었던 기독교 전통 덕분에 서양 과학자들은 우주의 법칙을 탐구할 동기를 쉽게 얻었다. 과학과 기술이란 곧 사람이 우주에 숨겨진 하나님의 지성적 법칙을 찾아낸 결과물이며, 자연을 다스리며 즐길 수 있도록 돕는 도구다.

---

1 Francis A. Schaeffer, *How Should We Then Live* 김기찬 역 『그러면 우리는 어떻게 살 것인가』 (생명의 말씀사, 1995), p. 173

기독교 세계관이 근대과학을 탄생시킴

20세기의 수학자며 과학자였던 화이트헤드는 근대과학이 기독교 세계관에서 탄생했다고 밝혔다. 그는 "기독교가 과학의 어머니"라고 평가하고, "서구의 과학자들은 자연 안에 질서를 부여한 입법자, 곧 하나님의 존재를 믿었기 때문에 자연 속에 법칙이 있을 것이라고 기대했으며, 자연 속에 이성적 법칙이 있을 것이라고 기대했기 때문에 그것을 밝혀내기 위해 과학적 사고를 할 수 있었다."라고 말했다.[2]

호주의 수학 물리학 교수로서 템플턴 상을 받았던 폴 데이비스는 이렇게 표현했다. "예전의 모든 과학자들은 뉴턴처럼 모든 면에서 신앙적이었다. 그들은 과학을 우주에 남긴 하나님의 솜씨를 발견하는 도구로 보았으며, 오늘날 '물리의 법칙'이라고 부르는 것을 하나님의 지성 속에 있는 아이디어로 여겼다…그래서 그들은 과학을 하면서 하나님의 지성을 엿볼 수 있을 것이라고 생각했다."[3]

---

2 C. S. Lewis, *Miracles* (Fontana, 1947), p. 110
3 Paul Davies, *"Physics and the Mind of God: The Templeton Prize Address,"* May, 1995

과학 발전의 토양 제공

근대과학의 발전은 과학자에 의해 이뤄졌으며, 과학 발전의 길을 터놓은 과학자들은 대부분 창조주 하나님과 성경의 무오성을 믿었던 사람들이었다. 흔히 근대과학의 선구자로 갈릴레오 갈릴레이, 르네 데카르트, 프란시스 베이컨 세 사람을 드는데, 이들은 모두 전통적인 그리스도인이었다. 그 밖에 코페르니쿠스, 케플러, 뉴턴, 보일, 파스칼 등 과학의 기초를 놓은 그리스도인 과학자는 수없이 많다. 그들은 결코 성경에 관해 무지한 어중이떠중이 신자가 아니었다.

과학은 비기독교권에서 거의 발전할 수 없었다. 아시아의 불교 또는 힌두교 지역에선 현상계가 사실이 아니며 존재하는 것은 공(空)에 불과하다는 관념에 갇혀 과학자를 배출할 수 없었다. 아랍권도 그 안에 있던 기독교 공동체들이 대규모로 남아있던 몇 세기 동안은 대단한 과학적 위업을 남겼지만, 이슬람으로 대체되면서 그 창조성이 크게 위축되었다.

그리스도인들이 근대 천문학의 지평을 엶

코페르니쿠스는 놀랍게도 성직자이자 교회법 전문가(Canon Lawyer)였다. 지구가 우주의 중심이 아니고 다른 행성(行星)들과 함께 태양 주위를 돌고 있음을 밝혔던 그는 하나님을 "가장 훌륭하고 질서정연한 제작자"라고 찬양했다. 또 "하나님께서 인간의 이성에게 진리를 맡기셨으니, 만물에서 진리를 찾는 것은 나의 즐거운 직무"라고 했다.

케플러는 원래 기독교 전파사업을 하려던 사람이었으나 마지못해 천문학을 시작했다. 코페르니쿠스의 학설을 이어받아 행성의 궤도를 추적해서 행성운동의 3대 법칙을 발견했으며, 미·적분학을 포함한 수학의 발전에도 크게 이바지했다. 그는 독실한 루터교 신자로서 자신을 "하나님을 따라, 그분의 생각을 하는 자"[4]라고 표현했다.

갈릴레이 역시 정통적 기독교인이었으며, 결코 기독교 신앙을 부인한 적이 없었다. [5]

---

4   thinking God's thoughts after Him.
5   갈릴레이의 경우와 같이 교회와 과학이 부딪힌 것은 극히 예외적이었다. 신·구교를 막론하고 교회는 과학을 싫어하지 않았다. 성직자 중엔 코페르니쿠스 같은 과학자들이 다수 있었으며, 성직자들이 과학을 연구하면 더 높은 직위에 오를 수 있었다.

근대과학의 3대 선구자 배출

갈릴레이는 수도원에서 교육을 받았다. 신실한 신자였던 그는 1615년 투스카나의 귀족에게 보내는 편지에서 "성경은 성령의 지시(dictate)요, 자연현상은 하나님 명령을 따르는 집행자[6]다. 하나님이 성경과 자연 모두에 진리를 드러내신 까닭에 성경을 제대로 이해하면 자연계의 진리가 성경과 부합됨을 알 수 있다."라고 썼다.[7]

베이컨은 과학의 한계를 인식하고 "사람이 하나님을 대면해 뵙기 전엔 무엇이든 최종적으로 확실히 알았다 말할 수 없다."면서[8] "설익은 철학은 한 사람의 생각을 무신론으로 향하게 하지만, 깊이 있는 철학은 사람들의 생각을 종교로 이끄는 법"이라고 말했다.

데카르트는 "나는 생각한다, 그런고로 나는 존재한다."는 명제하에 최고의 존재인 하나님의 존재를 입증하려 노력했다. 그는 "하나님께서 주신 지성을 조심스럽게 사용해야 인간은 만물에 대해 올바른 관찰을 할 수 있다."라고 믿었다.

---

6   Galileo, *Letter to the Grand Duchess Christiana of Tuscany(1615)*; Franklin Le Van Baumer, *Main Currents of Western Thought* (New York: 3rd ed., Alfred A. Knopf, 1970), p. 327

7   Galileo, *Letter to the Grand Duchess Christiana*; Donald Kagan, Steven Ozment, Frank M. Turner, *The Western Heritage*, 2nd ed. (New York: Macmillan, 1983), p. 504에서 인용

8   Bacon, *Opus maius*, I. 10

그리스도인이 과학적 사고의 기초 확립

프랜시스 베이컨, 존 로크, 조지 버클리, 고트프리트 라이프니츠, 르네 데카르트 등은 모두 자신을 기독교 신자라고 밝혔지만, 불신자들은 그들의 이론을 기독교를 비난하는 도구로 이용했다.[9]

베이컨의 신앙에 대해서는 앞에서 이미 설명했다.

로크는 영국 경험론의 창시자로서 말년에는 성경연구에 몰두했다. 그는 "이성으로 알 수 있는 영역 너머에 성경의 계시가 있다."라고 말하면서 "사고력의 기초는 창조의 교리"라고 주장했다.

버클리는 성공회 주교로서 하나님을 인간 모든 경험의 직접적인 원인이라고 믿고 그 존재를 논리적으로 입증하려고 노력했다.

라이프니츠는 자신을 개신교 신자라고 밝혔으며, 일평생 삼위일체 기독교를 신봉했다. 그는 미·적분학의 선구자로 유명하다.

데카르트의 신앙에 대해서는 이미 설명했다.

---

9   Michael Collins & Matthew Price, *The Story of Christianity* (London: A Dorling Kindersley Books, 1999), p. 157

근대 물리학의 지평을 엶

뉴턴은 성경이 하나님의 영감으로 기록된 것을 믿었으며 일평생 성경의 가르침에 충실하기 위해 힘쓰는 데 그치지 않고, 생애 후반에는 과학보다는 성경에 대해 더 많은 글을 썼다.[10] 그는 어떤 과학도 성경보다 더 진리를 입증하지 못한다고 못박았다.[11]

과학의 발전과 함께 인간의 지식과 개발 능력의 발전은 19세기 이후 비약적으로 발전했다. 이러한 업적들은 대부분이 기독교 신앙의 파생물이었고 또 독실한 신자들의 소산이었다.[12] 19세기 및 20세기 물리학의 뼈대를 세우는 데 결정적인 역할을 한 사람들 역시 켈빈 남작, 레일리 남작, 제임스 맥스웰, 스토크스 준남작 같은 아주 경건한 그리스도인들이었으며, 알베르트 아인슈타인이나 닐스 보어 같은 이들도 하나님의 창조를 믿는 이들이었다.

10 Francis A. Schaeffer, *How Should We Then Live* 김기찬 역 『그러면 우리는 어떻게 살 것인가』 (생명의 말씀사, 1995), p. 165

11 Nicky Gumbel, *Searching Issues* (Eastbourne, UK: Kingsway, 1995), p. 97

12 Kenneth Scott Latourette, *A History of Christianity* 윤두혁 역 『기독교사』 (생명의 말씀사, 1980) II, p. 300

전기와 컴퓨터 시대를 엶

마이클 패러데이는 자장(磁場)으로부터 전류를 이끌어 내고 전동기와 발전기를 처음 발명함으로써 인류가 전기 문명을 누릴 수 있는 빛의 시대로 이끌었다. 그는 일평생 한 교회의 장로로서 활동했으며, 하나님이 주신 과학적 지식은 소수의 전문가가 아닌 대중 전체가 누려야 한다고 확신하고 매년 성탄절 무렵엔 어린이들을 상대로 과학 강연을 베풀었다.

찰스 베버지는 "현대 컴퓨터 과학의 아버지"로 불린다. 그의 컴퓨터 제작에 관한 아이디어 역시 기독교 세계관에서 나왔다. 그는 오늘날의 '컴퓨터 프로그래밍'에 해당하는 일련의 명령을 해독하면서 자동적으로 계산을 실행하는 기계를 최초로 발명했다. 그는 하나님께서 그 뜻에 따라 온 세상을 만드시고 운행하신다는 사실에서 컴퓨터 프로그램에 대한 착상을 할 수 있었다고 밝혔다.[13] 그는 "과학의 정밀함으로 자연현상을 연구하는 작업은 자연이 입증하는 창조주 하나님의 지혜와 선을 이해하고 풀이하기 위한 준비과정"이라고 했다.[14]

---

13 David Knight, *The Age of Science: The Scientific World-view in the Nineteenth Century* (Oxford: Basil Blackwell, 1986), p. 46.

14 H. W. Buxton, *Memoir of the Life and Labours of the Late Charles Babbage Esq.*, unpublished, p. 1986. Cited in: J. M. Dubbey, *The Mathematical Work of Charles Babbage* (Cambridge University Press, Cambridge, 1978), p. 227.

개신교인이 과학 발전에 크게 공헌

　과학자 중 개신교 신자의 비율이 높다는 증거는 이미 오래전에 통계로 확인됐다. 드 캉돌은 1885년 프랑스 파리과학원이 1666년에서 1883년 사이에 영입한 외국인 회원 가운데 개신교인의 숫자가 가톨릭 교인을 압도한다는 사실을 발견했다.[15] 당시 프랑스를 제외한 서부유럽에서 신교도에 대한 구교도의 수적인 비율이 4대 6이었는데, 과학원 안에서의 그 비율은 거꾸로 27대 6이었다는 것이다.

　미국의 사회학자 머튼도 지적하기를 영국의 왕립학술원의 모체가 되는 학회가 1660년 처음 조직될 때 구성원이었던 10명의 학자 가운데 7명이 확실한 청교도였다고 한다. 또 1663년엔 회원 중 62퍼센트가 확실한 청교도 출신이었는데, 놀라운 것은 그 당시 청교도는 인구의 극소수에 불과했다는 사실이다.[16] 가톨릭 계열 사회학자들도 개신교 학자들이 가톨릭 학자들보다 과학적이고 기술적인 연구에 종사하는 경향이 있다는 것을 확증한 바 있다.[17]

---

15 A. de Candolle, *Histoire des sciences et des savant*, 2e éd. (Genève–Bâle, 1885), pp. 329–331; R. Hooykaas, *Religion and the Rise of Modern Science* (Grand Rapids, MI: Eerdmans, 1972), pp. 98f

16 R. Hooykaas, *Religion and the Rise of Modern Science* (Grand Rapids, MI: Eerdmans, 1972), pp. 98f

17 J. J. Kane, *American Catholic Sociolog. Review*, 16 (1955), pp. 27–29. 그는 "가톨릭 신자들은 주로 종교, 법, 교육에 치중한다."라고 밝혔다.

PART 14
의료혁신

나이팅게일이 수고한 덕분에 현대식 병원 간호가
등장했으며, 파스퇴르의 세균 이론과 리스터의 응용 덕분에
오늘날과 같은 외과처방이 가능해졌다.

– 브리태니커 백과사전

▲ 나이팅게일, 파스퇴르, 리스터(사진 왼쪽으로부터) 모두 그리스도
인이다. 이들은 근대의학 발전에 가장 큰 공헌을 한 사람들로 평
가받고 있다.

병원의 태동과 발전 도움

의료계의 상징으로 사용되는 '장대 위에 달린 뱀'은 구약성경에 등장한다. 광야에서 이스라엘 군중이 불 뱀에 물려 죽어갈 때 모세는 하나님의 명령에 따라 놋으로 뱀을 만들어 장대 위에 달았는데, 뱀에게 물린 자마다 그것을 쳐다본즉 나았다.[1] 여기에서 놋 뱀은 '은혜로운 치료'를 뜻한다.

예수님이 이 세상에 오셔서 하신 일들의 목록에서 병자 치료는 가장 꼭대기에 위치한다. 또 신약성경에는 병든 이들을 돌보라고 권면한 구절이 많다. 기독교는 병자 치료의 발전에 크게 이바지했다. 사실 교회보다 더 많이 병원의 형성과 발전을 도운 제도나 조직은 이 세상에 없었다.[2] 물론, 기독교 이전에도 환자를 치료하는 곳이 있었고, 병자들을 돌보는 사람들이 있었다. 그러나 오늘날 우리가 이해하는 형태로서의 병원이 생긴 것은 기독교가 등장한 이후였다. 그래서인지 세상 곳곳의 지도에서 병원과 약국은 흔히 십자가로 표시된다.

---

1 민수기 21:8, 9

2 John E. Woods in Carl F. H. Henry, *Baker's Dictionary of Christian Ethics* (Washington D.C.: Canon Press, 1973), p. 299

가장 오래된 병원 설립

현대인이 이해하는 형태의 병원으로서 가장 오래된 것은 전도의 목적으로 기독교회가 세운 병원들이다.[3] 주후 325년에 열린 니케아 공회에서 교회 지도자들이 대도시에 병원을 짓기로 결정함에 따라 교회는 알렉산드리아, 카파도키아, 가이사랴, 콘스탄티노플 등지에 당시로서는 최고의 시설을 갖춘 병원들을 건립했다.

초창기의 교회 지도자들은 환자들의 집을 찾아가서 성찬을 베풀었으며 손을 얹고 기도해 주었다.[4] 당시 환자 방문의 직책을 맡은 교회의 일꾼들을 '파라볼라니'라 불렀는데, 주후 5세기 알렉산드리아 시의 경우 대략 5백 명에서 6백 명에 달하는 파라볼라니가 있었다. 역사가 요세비우스의 증언에 따르면, 알렉산드리아에 역병이 번졌을 때 일반인들은 친지라도 감염되면 길가에 버렸던 반면, 그리스도인들은 두려움 없이 그들을 찾아가서 돌봐주었으며, 어떤 이들은 돌봐주다가 환자와 함께 목숨을 잃기도 했다.[5]

---

3 위와 같음.

4 S. Cheetham *A History of the Christian Church during the First Six Centuries* (London: Macmillan and Co. Ltd., 1905), p. 391

5 Eusebius, *Ecclesiastical Hist*. vii. 22; Charles Harris, *Pro Fide* (London: Hazell, Watson & Viney, 1923, 3rd ed.), pp. 518f

수도원이 병자들을 돌봄

유럽 사람들은 근세로 진입하기 이전에는 기독교 수도원에서 치료를 받았다. 수도원은 종합 의료복지 센터였다. 대부분의 병원들은 수도원 소속이었으며, 병자들이 치료를 받던 병동이나 약국도 모두 수도원 안에 있었다.

수도원 소속의 탁발승들은 가난한 민중에게 위생관리를 홍보하며 가르쳤다.[6] 그들은 두세 사람씩 짝지어 다니면서 가난한 병자들을 돌보며 치료했는데, 환자와 죽은 자들을 늘 상대하다 보니 인체의 구조와 약의 효능에 대해서 탁월한 지식을 가진 이들도 있었다. 좋은 본보기로 13세기의 로저 베이컨을 들 수 있는데, 그는 수세기를 앞선 과학자요, 실험가로서 근대과학의 선구자로 평가된다.

신대륙 발견 후 가장 초기의 병원들도 대부분 기독교회가 세웠다. 북미에 현존하는 병원으로서 가장 오래된 것은 1639년 캐나다의 퀘벡에 세워진 '보혈의 하나님' 병원이다.[7]

---

6 가톨릭교회가 부패하면서 게으르고 탐욕적인 탁발승들의 숫자가 늘어나 종교개혁자들의 비판을 받았다.

7 Hôtel du Dieu de Précieux Sang

의학 및 치료 발전에 결정적 공헌

병원의 기능과 시설은 19세기에 들어서면서 급속히 발전, 현대식으로 탈바꿈한다. 브리태니커 백과사전은 이 시기의 의료 발전에 가장 크게 공헌한 인물로 플로렌스 나이팅게일, 루이 파스퇴르, 조지프 리스터 등을 꼽으면서[8] "나이팅게일이 수고한 덕분에 현대식 병원 간호가 등장했으며, 파스퇴르의 세균 이론과 리스터의 응용 덕분에 오늘날과 같은 외과처방이 가능해졌다."라고 요약한다.[9] 이들 셋의 공통점은 기독 신앙이다.

나이팅게일은 어린 나이에 자신이 죄인임을 깨닫고 실천적인 믿음을 갖게 되어 병을 치료하는 사역에 헌신했다. 전기 작가 발레리라도는 파스퇴르의 삶에 대해 "하나님과 영원한 미래에 대한 절대적 믿음이 그의 삶 전체를 지배했다."라고 요약한다.[10] 리스터는 온유하고 겸손한 그리스도인으로서 하나님께서 자신의 삶을 인도하심을 확신하고, 초지일관 자신의 소명에 충실한 삶을 살았다.[11]

---

8 Encyclopaedia Britannica 15th ed., 1984, macro vol. 8, *hospital* 항목
9 위와 같음.
10 René Vallery-Radot, *The Life of Pasteur* trans. by R. L. Devonshire (New York: Doubleday, Page and Company, 1923), p. 462
11 Encyclopaedia Britannica 15th ed., 1984, macro. vol. 10, *Lister, Joseph*

최초의 간호사 배출

오늘날 우리가 이해하고 있는 바와 같은 '간호사'란 개념은 1850년대 이전에는 존재하지 않았다. 그 이전의 병원에서는 청소, 음식제공자, 약을 발라주는 정도의 허드렛일을 하는 사람들이 있었을 뿐이다. 나이팅게일은 간호행위 및 병원의 환자 돌봄에 있어 선구자적 역할을 했기 때문에 '숙련 간호사'라는 직종의 창시자로 인정을 받고 있다.

나이팅게일은 열일곱 살 때 하나님께서 주신 자신의 특별한 사명을 자각했으며,[12] 플리트너 목사가 세운 개신교 여 집사 훈련학교에서 간호에 관련된 모든 것들을 배웠다. 크림전쟁(1853~56년) 때 탁월한 간호행정으로 명성을 얻은 후 잘 훈련된 간호 인력의 필요성을 절감하고 1860년 세계 최초의 간호사 훈련학교를 세웠다. 이 학교의 첫 훈련생들 모두는 훗날 대형병원의 사감이 되어 또 다른 수천 명의 간호사를 훈련, 배출시킴으로써 이 새로운 직종의 개척자 역할을 훌륭히 감당했다.

---

12 Edward Cook, *The Life of Florence Nightingale*, vol. 1, p. 49; J. Edwin Orr, *The Light of the Nations* (Exeter, UK: The Paternoster Press, 1965), p. 88에서 인용

질병의 원인과 치료법 발견

1860년대만 해도 대부분의 생물학자들은 다윈의 진화설에 영향을 받아 생명의 자연발생설을 믿고 있었기 때문에 전염병의 원인을 제대로 찾아낼 수 없었다. 그러나 하나님의 천지창조를 믿었던 파스퇴르는 부패가 공기 속에 있는 미생물 때문에 일어난다는 사실을 실험으로 증명함으로써 진화론자들을 경악시켰을 뿐 아니라 탄저균을 발견하여 특정 세균이 특정 질환을 일으킴을 밝혀냄으로써 전염병의 원인을 정확하게 규명했다.

파스퇴르는 또 병균의 독소를 약하게 한 액체를 만들고, 그것을 예방 주사하면 병에 걸리지 않는다는 사실을 발견했는데, 이것이 바로 백신이다. 오늘날 인류는 백신을 통해 대부분의 바이러스로 인한 질병을 막아내고 있다. 파스퇴르는 의사가 아니면서 의사보다 더 많은 사람을 구한 과학자다. 파스퇴르의 기독교 신앙은 소박하면서도 진지했다는 평가를 받고 있다.[13]

---

13 Kenneth S. Latourette, *A History of the Expansion of Christianity* (New York: Harper & Row, 1970) iv. p. 169

외과수술의 신기원 이룩

불과 1백 40년 전만 해도 외과수술의 치사율은 매우 높았다. 프랑스-프러시아 전쟁(1870~71년) 중에 고관절 절단수술을 받았던 부상병들 가운데 살아난 케이스가 없었다고 한다.[14] 또 병원 안에서 왜 치사율이 높은 전염병이 유행하는지 아무도 그 이유를 몰랐다. 의사들도 속수무책일 따름이었다.

오늘날엔 병원 안의 사망률이 현저하게 줄었을 뿐 아니라 과거엔 위험해서 엄두를 못 내던 외과수술조차 손쉽게 처리된다. 이 획기적인 변화를 가져온 이가 바로 조지프 리스터다.[15] 그는 병원균이 외부와의 접촉을 통해 환자의 상처로 옮아가서 부패작용을 일으킨다는 사실을 밝혀냄으로써 외과수술의 큰 흐름을 바꿔놓았으며, 당시 병원 안에서 자주 발생하던 전염병을 근본적으로 방지할 수 있는 길을 터주었다. 덕분에 외과수술에 무균 처리가 최초로 도입되었다. 그는 겸손한 신앙인으로 일평생 소명에 충실한 삶을 살았다.[16]

---

14 *Tales of Human Endeavour* ed. by G. F. Lamb (London: George G. Harrap & Co. Ltd., 1958, Reprinted), p. 143. 손이나 발을 절단하는 수술에서의 사망률은 영국 대도시의 큰 병원이라 해도 무려 25~30퍼센트에 달했는데, 그 정도만 되도 괜찮은 편이었다. 프랑스의 사망률은 거의 곱절에 달했으며, 군대병원의 경우는 75~90퍼센트나 되었다.

15 위와 같음.

16 Encyclopaedia Britannica 15th ed., 1984. macro. vol. 10, *Lister, Joseph*

말라리아 퇴치

　많은 그리스도인 의사들이 병의 원인을 밝혀내고 퇴치방법을 찾아냈다. 좋은 본보기로 페니실린을 발명한 알렉산더 플레밍, 말라리아의 원인을 발견하여 노벨상을 받은 로널드 로스를 들 수 있다. 로스는 1897년 '열대지방에 내린 하늘의 징벌'이라 일컬어지는 말라리아가 모기가 원인임을 입증했다.

　로스는 말라리아의 원인을 찾기 위해 인도로 가서 이 병에 걸린 현지인의 피를 빨았던 수천의 모기들을 채집, 한 마리씩 그 배를 가르고 그 미세한 조직 하나하나를 현미경으로 들여다보는 일을 4년간 되풀이했다. 어느 날 피로에 지쳐 잠들었다 깨어났을 때 영감이 번쩍였고, 작업에 새롭게 임하자마자 말라리아의 기생균 색소를 발견했다. 그는 기쁨에 떨리는 손으로 "그분(하나님)이 명령하시매/고생의 숨결과 눈물로써/그의 감추신 일들을 탐구하다가/오, 수백 만을 죽인/네놈의 간교한 씨를 찾아냈노라."라는 시를 썼다.[17]

---

17 T. C. Bridges and H. Hessell Tiltman, *Master Minds of Modern Science; Tales of Human Endeavour* ed. by G. F. Lamb (London: George G. Harrap & Co. Ltd., 1958, Reprinted), p. 158에서 인용

낙후된 곳에서 환자 돌봄

수많은 의료 선교사들이 본국에서의 훌륭한 시설과 대우를 뿌리치고 원시적이고 생경한 환경에서 병자들을 돌보는 것으로 일평생을 바쳤다. 원주민들의 건강 증진을 위해 헌신적으로 봉사한 것은 물론, 일반 의사들의 관심 밖에 있는 희귀질병의 퇴치방법을 연구, 개발하기도 했으며 어떤 이들은 의사로서의 수당과 후원금을 모아 병원 건축과 의학교 설립에 쾌척했다. 이들보다 아름다운 인도주의 활동의 본보기를 역사에서 찾기 어렵다.

신부 다미앵은 몰로카이 섬에 유배된 나병환자들의 비참한 상태를 보고 그들을 돌보겠다고 자원했다. 그는 목회자요, 의사로서 나병환자들의 집을 지어줬고, 주택과 수질 및 음식배급을 개선시켰으며, 고아원을 설립했다. 약 8백 명의 환자를 돌보다가 자신도 감염되자, 치료를 거절했다. 치료를 받으려면 그들을 떠나야 하기 때문이었다. 감염된 지 4년이 못 되어 그는 49세의 나이로 세상을 떠났다.

우리나라에 최초로 근대의학 보급

20세기 초만 하더라도 우리나라의 위생 상태는 매우 열악했다. 유아사망률이 높아서 당시 우리 백성의 평균연령은 30세에 훨씬 못 미쳤다. 일제시절, 우리나라 신생아 중 거의 절반인 45.5퍼센트가 10세 이전에, 18퍼센트가 만 1세 이전에 사망했다.[18] 1932년 통계에 따르면, 2천 5백만 인구 가운데 약 절반이 결핵 감염자요, 1백 60만 가량이 환자였다.[19]

개신교 선교사들은 근대의학을 도입, 보급함으로써 우리 국민의 보건 향상에 크게 공헌했다. 이들은 우리나라 최초의 근대식 병원과 의과학교를 설립했으며, 최초의 결핵 요양소와 최초의 나병환자촌을 세워 운영했다. 구한말과 일제강점기에 각종 질병이 창궐하던 이 땅에, 병고로 신음하며 죽어가던 백성을 위해 본국에서의 안락함과 부귀를 포기하고 찾아온 서양 의사들의 대부분은 선교사였다. 헤론, 홀 등 많은 선교사들과 그 자녀들이 이 땅에서 과로와 질병으로 목숨을 잃었다.

---

18 J. D. van Buskirk, *Korea the Land of the Dawn* (Toronto, 1931); 민경배, 『한국기독교 사회운동사』 (대한기독교출판사, 1990, 3판), p. 263

19 「기독신보」 1932년 12월 14일자, "결핵병 박멸운동에 협력하라"; 민경배, 『한국기독교 사회운동사』 (대한기독교출판사, 1990, 3판), p. 262

우리나라 의료계
각 분야의 초석 마련

한국을 찾은 최초의 개신교 선교사 알렌은 자객의 칼을 받아 치명상을 입었던 보수파 정치지도자 민영익을 서양의술로 완치시켰다. 이에 조선정부는 서양의학의 우수성을 실감하고 그에게 땅을 주어 1885년 광혜원(廣惠院), 곧 우리나라 최초의 근대식 병원을 세우게 한다. 광혜원은 곧 제중원(濟衆院)으로 개칭되었는데, 미국 북장로교가 이를 인수하여 운영했으며 스크랜턴, 헤론 등 선교사들이 진료를 담당했다.

알렌은 1886년 한국인 의사 지원자들 중에 16명을 뽑아 의학교육을 시작했는데, 이것이 바로 우리나라 근대의학 교육의 기원이었다. 제중원의 새로운 책임자로 임명된 선교사 애비슨은 1899년 병원 내에 최초의 정규 의학교인 제중원 의학교를 개설하고 신입생을 모집했으며 1908년 최초의 졸업생들을 배출한다. 이 제중원 의학교에서 우리나라 최초의 간호사 2명이 양성 배출되었다 (1901년).

이 땅 곳곳에 병원을
지어 환자들을 보살핌

1900년 초반까지 선교사들이 세운 병원은 그 수를 헤아리기 어려울 정도다. 그들은 서울, 평양, 인천, 부산, 원산, 해주, 개성 등지에도 병원을 세웠을 뿐 아니라 군산, 광주, 목포, 원주, 재령, 선천, 강계에 이르는 지역에서 환자들을 돌봤다.

선교사 애비슨은 미국인 세브란스로부터 거액의 기부금을 받아 제중원을 세브란스 병원으로 개칭하고 이전 확장하여 우리나라 최초의 종합병원으로 만들었다. 1887년 하워드, 셔우드, 커틀러 등은 정동에 우리나라 최초의 부인전문병원 보구여관(保救女館)을 세웠는데, 이것은 이화대학 부속병원으로 발전했다. 같은 해 잉골드는 전주에 부인진료소를 개설했는데, 이것은 훗날 전주 예수병원이 된다.

한편, 선교사들은 우리나라 최초의 여의사가 된 김 에스더 등 많은 한국인의 유학을 후원하여 우리나라의 의료계가 뿌리를 내리는 데 이바지했다.

환자들을 헌신적으로 보살핌

선교사들은 혼신의 힘을 다해 수많은 우리나라 환자들을 돌보았다. 소수의 인원으로 하루 최고 265명, 일 년간 10,460명의 환자를 진료했던 결과, 제중원은 대단한 인기를 얻었으며, 입원실에 놓인 침대 40개는 늘 환자로 메워졌다.[20] 더구나 선교사들은 가난한 환자들로부터는 일체의 치료비도 받지 않았다.[21] 감사의 표시로 왕실은 알렌에게 1886년 정3품의 벼슬을 내려 노고를 치하했다.

구한말 청일전쟁과 노일전쟁이 잇달아 터져 서북의 많은 도시들은 폐허가 되었으며 곳곳에 전염병이 창궐하여 많은 사람들이 고통 속에 죽어가고 있었다. 당시 선교사들은 평양에서 자신의 생명을 아끼지 않고 병자들을 도와주었는데,[22] 홀(Hall) 선교사처럼 환자들을 돌보다가 과로가 겹쳐 세상을 떠난 이도 있었다. 임종 전 그는 아내에게 "내가 평양에 갔었던 것을 원망하지 마시오. 나는 예수님의 뜻을 따른 것이오."란 말을 남겼다.[23]

---

20 이재담, 『의학의 역사』 (위드, 2000), p. 247
21 이한수, p. 378
22 민경배, 『한국기독교회사』 (대한기독교출판사, 1986, 5판), p. 219
23 정혜원, 『조선에 묻힌 사람들의 이야기』 (한국누가회, 1999), p. 180

전염병 퇴치에 힘을 모음

1895년 여름엔 전국적으로 콜레라가 맹위를 떨쳐, 대략 50일 동안 무려 3십만 명의 목숨을 앗아갔다. 하루 평균 사망자 수만 6천여 명에 달했으니 가공할 만한 전염병이 아닐 수 없었다. 콜레라가 맹렬히 번지기 시작했을 때 조선정부는 선교사들에게 도움을 요청했다. 선교사들은 비상체제에 들어갔으며, 한국어로 콜레라의 원인 및 예방법을 담은 수천 장의 홍보물을 제작, 배포했다. 선교사 언더우드 등은 서대문 밖에 콜레라에 감염된 사람들을 수용할 수용소를 개설했으며, 그곳에서 의료 선교사들이 몰려드는 환자들을 헌신적으로 돌보았다.

고마움을 느낀 조선정부는 미국 공관에 공문을 보내 "언더우드와 그의 동료들이 역병을 치료하기 위해 막대한 재원(財源)과 인력을 들여 수고함으로써 많은 환자들을 낫게 해준 것에 감사한다."면서 선교사들의 노고를 치하했다.[24]

---

24 L. H. Underwood, *Underwood of Korea*, pp. 130, 143; *History of the Korea Mission, PCUSA 1884~1934* ed. by Harry A. Rhodes (Seoul: The Chosen Mission Presbyterian Church U.S.A., 1935), pp. 512f

이 땅의 환자 치료를
위해 생명을 바침

이 땅을 찾아온 많은 의료 선교사들이 누적되는 과로와 열악한 환경 속에서 얻은 질병 등으로 건강이 악화되어 쓰러져갔다. 헤론은 농촌 순회 진료 도중 피로와 이질로 순직했고(1890년), 여의사 해리스는 장티푸스로 이역만리에서 숨을 거두었으며(1901년), 샤록과 소든 등은 과로로 건강이 악화되어 본국에 송환되어 죽음을 맞이했다. 오웬은 1909년 봄 순천 지방을 중심으로 순회 의료활동을 하던 중 중병을 얻었다. 한국인 동료들이 가마를 태워 산을 넘으며 20킬로미터를 걸어서 광주에 도착했는데, 그 상황을 이렇게 전했다.

"아무런 약도 못 먹고, 영양공급도 제대로 되지 않은 상태에서 비좁은 가마에 쪼그리고 앉아 차가운 북풍에 시달렸으니 그동안의 여행이 얼마나 끔찍했으리요. 온몸을 고문하듯이 저려오는 고통을 누구인들 알기나 하리요…나흘 후에 끝은 오고 말았다."

마지막 그가 남긴 말 가운데 하나는 "누가 나를 좀 쉬게 해줬으면" 하는 것이었다.[25]

---

25 마서 헌트리, 『한국 개신교 초기의 선교와 교회성장』, pp. 222f; 손영규, pp. 64f에서 인용

의료인의 모범을 보인 장기려 박사

우리나라에서 성산 장기려 박사처럼 훌륭한 의사로서 모범을 남긴 이는 드물다. 형편이 어려운 환자에게 병원 뒷문을 열어주며, "살짝 나가서 그냥 도망치시오."라고 권했던 일화는 유명하다.

그는 북한 정권이 기독교를 탄압하고 있던 1940년대 말 김일성대학 부속병원에서 근무하면서도 일요일에 일하지 않아도 된다는 허락을 받아냈으며, 환자를 수술하기 전 먼저 기도하는 등 신앙의 일관성을 지켰다. 북한 정권은 그의 실력과 성실함, 청빈한 삶을 인정하여 북한 과학원의 이름으로 그에게 최초의 의학박사 학위를 수여했다. 장 박사는 전쟁 이후엔 부산에서 피난민과 행려병자, 영세민 등을 진료했다. 막사이사이 사회봉사상을 받았지만, 일평생 워낙 남을 도우며 산 까닭에 1975년 정년 퇴임했을 때 그에겐 몸담을 집 한 칸도 없었다.

우리나라 한센병 치료의 선구

우리나라에서 문둥병 환자에 대한 인식은 아주 나빴다. 조선시대는 말할 것도 없고 불과 1957년 8월만 하더라도 25명의 나병환자들이 비도로 이주, 정착하려고 하다가 성난 섬 주민들에게 참혹하게 몰살당한 사례가 있다. 일단 문둥병에 걸린 자는 집안의 눈총 때문에 가정에 붙어 있을 수 없었고, 집을 나온 뒤엔 조롱과 박해 속에 개처럼 이리저리 떠돌아다니다가 배고픔과 추위 속에 쓸쓸히 죽어가기 마련이었다.

동족으로부터 버림받은 한국의 문둥병 환자들을 위해 근대적 의료혜택을 처음으로 베풀어준 이들은 미국 장로교 해외 선교회와 영국의 나병환자 선교회의 선교사들이었다.[26] 이들은 1910년 부산에 우리나라 최초의 나병 수용시설을 세웠다. 이들의 배후에 수많은 본국 교회의 후원이 있었음은 두말할 필요도 없다. 예수님의 사랑은 이렇게 아득한 시간과 공간을 뛰어넘어 이 땅의 환자들에게 전달되었다.

---

26 Walter Fancutt, *Present to Heal* (London: The Mission to Lepers), pp. 12f

PART 15

언어혁신

기독교의 확장이
각 민족 언어의 품위를 높이며
그 민족 문학을 촉진하는 경향이 있다.

– K. S. 라투레트(미국의 역사학회장 역임)

민족 언어 및 문학의 발전 촉진

미국의 역사학회장을 역임한 라투레트는 기독교의 확장이 각 민족 언어의 품위를 높이며 그 민족 문학을 촉진하는 경향이 있다고 지적했다.[1] 보기를 들면, 아르메니아엔 기독교가 전파되면서 새로운 문자가 개발되어 주후 5세기경에 그 민족의 언어로 성경이 번역되었는데, 그 이후에 아르메니아 문학은 전례가 없는 황금시대를 맞이했다고 한다.

시리아의 민족 문학은 기독교와 함께 발전하다가 6세기 말에 전성기를 맞았다. 그러나 이슬람에 정복당하고 대신 아랍어가 지배 언어로 되면서 시리아의 언어는 치명상을 받아 이전의 위엄을 회복하지 못했다.[2] 반면, 이집트는 알렉산더 대왕에게 정복당한 후 그리스어가 널리 쓰이는 바람에 그 토착 언어는 쇠퇴하고 있었지만, 기독교가 들어오면서 대중적인 의사소통을 위해 어려운 상형문자를 대신하는 콥트 문자가 개발되었을 뿐 아니라 민중이 사용하는 이집트어가 되살아났다.

---

1 Kenneth S. Latourette, *A History of the Expansion of Christianity* (New York: Harper & Row, 1970) vol. 1, pp. 256–258

2 같은 책, p. 257

종교개혁자들이 민중의 언어장벽을 허묾

옛날 지배계층은 기득권을 지키기 위해 민중이 사용하지 않는 어려운 언어를 사용했다. 민중이 알 수 없는 언어를 습득한다는 것은 정보를 독점하여 자신들의 편의에 따라 민중을 기만하거나 착취할 수 있는 특권을 취득함을 의미했다. 이러한 특권을 누리던 교황청이 성경을 각 나라의 언어로 번역하는 것과 일반 신자들의 모국어 성경 읽는 것을 금했던 것은 놀라운 일이 아니다.

종교개혁의 선구자 존 위클리프는 사제들과 감독뿐 아니라 교육을 받지 못한 사람이라도 하나님의 말씀인 성경을 잘 이해하며 연구할 수 있어야 한다면서 대담하게도 교황청에 맞서서, 일반 서민들이 성경에 쉽게 접근할 수 있도록 성경을 당시의 일상 영어로 번역했다. 위클리프뿐만이 아니었다. 독일, 프랑스 및 스칸디나비아의 개혁자들은 진리를 쉬운 언어로 대중에게 널리 알리기 위해 열성적으로 모국어 성경들의 종류와 양을 늘렸다.

성경번역이 민족언어의 발전 촉진

성경번역은 각 언어의 형체 및 구조에 헤아릴 수 없는 영향을 끼쳤다. 마르틴 루터가 번역한 성경, 위클리프 이후 윌리엄 틴데일이 번역한 신약성경, 또 장 칼뱅이 쓴 『기독교 강요(綱要)』 등은 각각 근대 독일어, 영어, 프랑스어의 표준이 되었다. 루터가 번역한 성경은 독일의 국보(國寶)가 되었고, 독일어의 표준화에 결정적 공헌을 했다.[3] 기독교를 적대시하던 니체도 "루터의 언어와 성경의 시적 표현들이 독일 사람들의 창작에 새로운 뿌리가 되었다."라고 인정했다.

덴마크의 크리스티에른 페데르센이 옮긴 덴마크어 성경도 마찬가지다. 페데르센은 덴마크의 국체(國體) 및 역사와 교육의 정체성을 기독교에서 찾았다.[4] 성경번역 이후 덴마크, 스웨덴 등의 북유럽 국가들은 자기 나라말로 된 문학을 본격적으로 창출하기 시작했으며, 핀란드는 비로소 자기 나라말을 기록할 문자를 갖게 됐다.[5]

---

3 Kenneth Scott Latourette, *A History of Christianity* 윤두혁 역 『기독교사』 (생명의 말씀사, 1980) II, p. 337
4 같은 책, p. 359
5 종교개혁자로서 핀란드어로 신약성경을 번역했던 미카엘 아그리콜라는 오늘날 핀란드어 문자의 아버지로 인정받고 있다.

성경번역이 문자사용 촉진

　종교개혁은 서구인의 삶에서 문서 및 문자의 사용을 폭발적으로 증가시켰으며, 성경의 모국어 번역은 서구인이 일상의 삶에서 글과 친숙해지는 결정적 계기가 됐다.[6] 개혁을 외치는 서적, 소책자, 논문들이 유럽 각지에 유포되었다. 이 기간에 유통된 책의 숫자는 당시의 출판수준을 고려하면 어마어마하다. 1517년에서 1520년 사이에 유통된 루터의 저서는 30만 부나 됐다. 종교개혁이 끝나갈 무렵, 글을 읽고 쓰는 문화는 이제 더 이상 학자의 전유물이 아니었다.

　현대의 성경번역 선교사들은 문자가 없는 부족들에게 문자를 만들어준다. 위클리프 성경번역 선교회[7]라는 한 단체는 지난 50년간 1천 2백 개의 언어에 문자를 만들어주었는데, 이는 현재 지상에 존재하는 6천여 개 언어의 5분의 1에 해당하는 것이니 놀라운 일이 아닐 수 없다. 문맹퇴치는 오래전부터 기독교 전파자들의 중요한 사업 중의 하나였다.

6　Lawrence Cunningham & John Reich, *Culture and Values* (New York: CBS College, 1985, alternate ed.), p. 275

7　오늘날 세계 각처에서 'SIL'이라는 이름으로 활동하고 있다.

한글 사용의 대중화

세종대왕 시절, 우리가 세계에 자랑할 만한 한글이 만들어졌으나 지식인들이 천시하여 크게 사용되지 않았다. 이 한글이 대중화되고 한국사회에서 크게 통용되게 된 결정적 계기는 우리말 성경의 간행이었다.[8] 이에 대해 문학가 춘원 이광수는 다음과 같은 말을 했다. "한글도 글이라는 생각을 조선인에게 심어준 것은 실로 예수교회외다. 귀중한 신·구약과 찬송가가 한글로 번역되니, 이에 비로소 한글의 권위가 생기고 또 보급된 것이요…아마 조선 글과 조선말이 진정한 의미로 고상한 사상을 담은 그릇이 됨은 성경의 번역이 시초일 것이요."[9]

교회는 성경과 찬송가 및 각종 교리서들을 한글로 번역 보급했을 뿐 아니라 사경회 때는 예배처소에서 한글도 가르침으로써 한글 사용의 대중화에 지대한 공헌을 했다.[10] 그 결과, 많은 문맹자들, 특히 여인들이 한글을 해독하게 되었을 뿐 아니라 또 이전보다 훨씬 많은 이들이 한글을 통해 배움의 기회를 얻었다.

---

8 Kay 1950:116–117; Harvie M. Conn in DTE, p. 152
9 이광수, "야소(예수)교의 조선에 준 은혜" 「청춘」 9호 1917년 7월
10 한국기독교역사연구소, 「한국 기독교의 역사 II」 (기독교문사, 2000), pp. 327f

국어 발전에 기여

한글로 번역된 성경은 1882년부터 쏟아져 나오기 시작했는데, 그 번역 문체가 비록 완전한 구어체는 아닐지라도, 거의 구어체에 근접했다는 사실은 국어사에서 특별한 일이 아닐 수 없다. 이것은 중국의 언문일치 움직임, 즉 백화운동(白話運動)보다 앞선 문체개혁이었다. 우리나라 최초의 언문일치 작품은 흔히 1895년에 간행된 유길준의 『서유견문』을 꼽는데, 성경 간행은 이보다 10년 이상 앞선다. 게다가 번역 성경의 문체는 『서유견문』보다 훨씬 더 구어체에 가깝다.[11]

교회는 한글을 보급하면서 문법적인 면을 함께 거론했으며, 또 한글 서적을 더 많이 배포하기 위해서 국문 자체에 대한 과학적 연구에도 관심을 기울였다. 실제로 한글의 문법과 초창기 어문 체계의 구성에 정력을 기울였던 분들은 대개 기독교인들이었다.[12] 한글 운동의 선구자인 주시경을 비롯, 이윤재, 최현배, 김윤경, 정태진, 정인승, 장지영 등등.

---

11 김희보, 『한국문학과 기독교』 (현대사상사, 1979), p. 352
12 조신권, 『한국문학과 기독교』 (연세대학교 출판부, 1983), p. 64; 임영천, p. 189

기독교 지식인들이 나라말 수호에 앞장섬

　기독교 지식인들은 민족말살정책에 대항, 민족문화 수호운동에 앞장서서 국어, 국문, 국사 등을 연구, 수호하고 가르쳤다.

　안동교회 장로였던 이윤재는 한글 연구, 『우리말 사전』의 편찬, 맞춤법 통일안의 제정, 한글보급 운동에 일평생을 헌신하여 "한글장로"란 별명을 가질 정도였다. 그는 이러한 활동 때문에 일제의 감시를 받다가 조선어학회사건으로 체포되어 1943년 12월 함흥에서 옥사(獄死)했다. 정동교회 장로였던 김윤경도 1920년 조선어학회의 전신인 조선어연구회를 조직, 한글연구와 보급에 생애를 바쳤으며, 새문안교회 집사였던 최현배도 『우리말본』(1935년)과 『한글의 바른 길』(1937년) 등 주옥 같은 한글연구 저서를 남겼다. 이들은 모두 일제가 우리말을 억압하기 위해 억지로 꾸며낸 조선어학회사건(1942년)에 연루, 체포되어 해방될 때까지 함흥 감옥에서 옥고를 치렀다.

PART 16
문학혁신

성경이 서구문학에 심원한 자취를 남김

성경의 진리는 서구문화의 모든 영역, 즉 문학, 회화, 조각, 음악, 공예, 모자이크, 영화, 시, 가극, 건축에 이르기까지 거대한 자취를 남겼다.[1] 서구의 예술가나 문학가 지망생에게 있어 성경이나 기독교 유산연구는 적어도 한번은 통과해야 할 관문이다. 성경이 문학에 끼친 공헌에 대해 뉴맨 와츠는 "(서양의) 모든 문학은 성경의 아름다운 언어를 적든지 많든지 함유하고 있다… 세속적인 글이라 할지라도…성경이 부여한 사상과 감정, 인용문구나 어법을 어쩔 수 없이 드러내는데…그 기원을 성경에 직·간접적으로 두고 있는 문학작품의 막대한 분량을 보면 놀라지 않을 수 없다."[2]라고 말했다.

문필가 테리 글라스피는 "우리 문화의 위대한 문학작품들은 성경의 구절들과 인용문들로 가득하다…성경과 셰익스피어에 익숙하지 않다면, 우리 문명이 낳은 위대한 문학작품들의 대부분을 이해할 수 없다."라고 논평했다.

---

1   Tim Dowley, *The History of Christianity* (revised) (Oxford: Lion, 1990), p. 80
2   Newman Watts, *The Incomparable Book* (Croydon, Uplift Books, 1946), pp. 47, 49

성경이 문학에 영감을 불어넣음

수세기 동안 단테 알리기에리의 『신곡』은 서구의 모든 문학 중 가장 영향력이 큰 작품 또는 최고 작품의 하나로 꼽힌다. 단테의 『신곡』이 걸작인 이유는 어디에 있는가? 무엇보다 그의 빈틈없는 신앙심 때문이다. 옥스퍼드 대학의 학자 에드워드 무어는 단테가 『신곡』에서 성경을 대략 5백 번 인용하고 있다고 밝혔다.[3] 단테는 이 작품에서 죄(지옥), 고난(연옥), 영광(천국)을 묘사하여 영혼이 처할 수 있는 국면들을 묘사했다. 지옥문에 새겨진 문구는 전편이 백미다.

> 나를 거치면 슬픈 고을이 있고
> 나를 거치면 괴로움이 있고
> 나를 거치면 멸망의 족속이 있지.
> 정의가 거룩한 창조주를 움직여서
> 하나님의 권능, 그 크신 지혜와 본연의 사랑이
> 나를 만드시었네.
> 내 앞에 창조된 것은 영원 외에
> 또 없어, 영원히 남아 있으리니
> 여기 들어오는 자여,
> 모든 희망을 버릴진저!

---

3 D. James Kennedy, *What if the Bible had Never Been Written* (Nashville, TN: Thomas Nelson, 1998), p. 121

성경이 셰익스피어의 작품을 만듦

일찍이 프랑스의 문호 빅토르 위고는 "영국에 두 권의 책이 있는데, 첫 번째 책은 영국이 만들었고 두 번째 책은 영국을 만들었으니, 곧 셰익스피어와 성경이다."라고 말했다. 영국인들은 인도는 내줄 수 있어도 셰익스피어는 포기할 수 없다면서 그를 자랑했다.

윌리엄 셰익스피어의 작품들은 기독교 윤리와 문화에 뿌리를 두고 있다. 그는 영국 국교회의 일원으로 죽을 때까지 정기적으로 예배에 참석했으며,[4] 그와 그 자녀들은 국교회에서 세례를 받았다. 성경에 정통했던 셰익스피어는 그의 희극 37편에서 성경 66권 중 54권의 내용을 인용했으며,[5] 성경의 등장인물들을 자유자재로 언급했다. 미국 워싱턴 시 소재 셰익스피어 도서관의 종신 연구교수였던 프라이는 셰익스피어가 "희극의 관점으로 볼 때는 능숙하게, 신학의 관점에서 볼 때는 적절하게 기독교 교리를 구사했다."라고 말했다.

---

4   Ronald M. Frye, *Shakespeare and Christian Literature* (Princeton, NJ: Princeton University Press, 1963), p. 3

5   Frank E. Gabelein, *The Christian, The Arts and Truth* (Portland, Multnomah: 1985), p. 185

기독교 신앙이 고전 작품을 남김

존 번연은 청교도 설교자로서 개신교 신앙을 전파한 이유로 옥에 갇혀있으면서 불후의 명작 『천로역정(Pilgrim's Progress)』을 썼다. 선교사 게일(J. S. Gale)이 1895년 우리나라 말로 번역 출판한 기독교 고전인 『천로역정』은 우리나라 신문학사상 최초의 번역 작품이었다. 그리스도인의 생애에 관한 풍부한 비유와 상징이 담겨 있는 이 책은 1백 20여 개의 언어로 번역되었으며, 인류 역사상 가장 많이 발행된 책 가운데 하나가 되었다.

존 밀턴은 『실낙원(Paradise Lost)』과 『복낙원(Paradise Regained)』를 썼다. 전자는 세상에 죄를 들여놓은 첫 아담을, 후자는 만물을 새롭게 하신 나중 아담, 즉 예수 그리스도를 묘사한다. 『실낙원』하나만 해도 전 12권, 1만 1천여 행으로 된 웅장한 서사시로 현대인의 지성을 압도한다. 청교도로 자라난 밀턴은 이 서사시 속에서 그의 칼뱅주의 신앙을 잘 표현했다고 한다.[6]

---

6   김희보, 『종교와 문학』(대한기독교서회, 1988, 재판), p. 127

신앙심이 불후의 동화를 남김

안데르센은 무학이었지만, 신앙심이 깊은 어머니 슬하에서 성장했다. 그는 일평생 '사랑'이라는 기독교의 주제와 "돌이켜 어린아이들과 같이 되지 아니하면 결단코 천국에 들어가지 못하리라."(마태복음 18장 3절)라는 말씀에 깊이 공감하여 그 믿음을 많은 동화에 반영했다.[7] 그는 70세의 나이로 사망하기 몇달 전 그의 일기에 "얼마나 놀랍고 영광스러운 날인가! 하지만 내 육신은 가련하게도 하나님의 모든 복을 감당할 수 없다. 잠자리에 들었지만, 여러 가지 상념과 감사에 북받쳐서 잠잘 수 없었다."라고 적었다.

카를로 콜로디는 만들어진 나무 인형이 거짓말하고 제멋대로 구는 옛 기질을 벗고 피와 살을 가진 진짜 소년으로 변모하는 이야기를 담은 『피노키오』를 썼다. 이 이야기는 하나님의 손으로 만들어진 인간이 반역하여 죄를 지으며 살다가, 죽음의 권세에서 벗어나 새 생명을 얻는 신자의 삶을 묘사하고 있다.

이외에도 『장발장』, 『행복한 왕자』, 『왕자와 거지』, 『로빈슨 표류기』 등 기독교 가치관을 담고 있는 고전 동화책들이 많다.

---

7 https://www.futurelearn.com/courses/hans-christian-andersens-fairy-tales/0/steps/14184

러시아 최고의 작가들 배출

『죄와 벌』로 유명한 러시아 작가 표도르 도스토예프스키처럼 기독교적 주제와 인생의 도덕 문제를 능숙하게 다루는 작가도 드물다.[8] 그는 19세기 후반 러시아를 휩쓴 허무주의로 많은 이들이 하나님을 떠나 방황하는 것을 안타까이 보면서 무신론(공산주의)의 임박한 재앙을 예감한 듯, "'인간은 스스로 무엇이든 해결할 수 있다.'면서 유물주의와 무신론을 전파하는 자들은 혁신과 재건의 너울 속에 끔찍한 흑암과 공포를 예비하고 있는 것이다."라고 말했다.

레오 톨스토이는 젊은 날 회심한 후 영적인 사색에 빠져들었으며, 수백 쪽에 달하는 노트를 영적 일기로 채웠다. 그는 자신의 종교적 신념을 자세히 설명하는 책들을 썼다. 『사람은 무엇으로 사는가』, 『바보 이반』 같은 동화에서부터 『부활』, 『안나 카레니나』, 『전쟁과 평화』에 이르는 장편소설들은 그가 추구했던 기독교의 이상을 가득 담고 있다.

---

8 Charles Colson, *How Now Shall We Live?* (Wheaton, IL: Tyndale House, 1999), p. 443

성경이 글쓰기에 영감을 줌

미국 컬럼비아 대학의 하이어트 교수는 미국 산문의 대표격인 링컨의 게티스버그 연설문의 구절 하나하나가 성경과 어떤 연관이 있는지에 대한 논문을 쓴 바 있다. 그는 "인민의, 인민에 의한, 인민을 위한 정부"라는 표현은 성경의 "만물이 주에게서 나오고 주로 말미암고 주에게로 돌아감이라."[9]라는 구절에서 영감을 얻은 것이라고 주장했다.[10]

한편, 헤밍웨이의 『바다와 노인』처럼 작가가 그리스도인이 아니었어도 의식적으로든 무의식적으로든 작품에 성경이나 기독교의 요소들을 담는 경우도 있다.

인류의 문학에서 성경만큼 풍부한 영감을 공급하는 근원은 없다. 김동리 같은 문인은 기독교인이 아니면서도 『사반의 십자가』 등 기독교적 작품을 썼고 후배 문인들에게 "성경을 꼭 읽으라."고 권했을 정도다. 성경은 한국을 비롯한 동양의 문인들에게도 영감을 주었다.

---

9 로마서 11:36
10 Frank E. Gaebelein, *The Christian, the Arts, and the Truth* (Portland: Multnomah, 1985), pp. 189f

한국의 시와 소설을 새롭게 함

우리나라의 근대시와 소설은 그 발생 초기부터 기독교와 깊은 관련을 맺고 있었다.[11] 기독교의 유입은 개화기 문학의 탄생을 재촉했으며, 근대문학의 형성에 괄목할만한 공헌을 했을 뿐 아니라 근대사상을 고취시켰다. 구한말에 기독교인 작가들은 미신타파를 외쳤으며(예: 『다정다한』), 탐관오리를 꾸짖고(예: 『월하의 고백』), 현실을 비판하며(예: 『금수회의록』), 평등사상을 고취시켰다(예: 『편수선언』).

교회의 찬송가는 종래의 시가와는 전혀 다른, 새로운 형식과 시상(詩想)을 우리 민족에게 선사했다. 찬송가는 창가(唱歌)라는 새로운 장르를 열게 했고, 그 창가는 신체시로, 신체시는 근대시로 발전하게 된다. 이것에 대해 미당 서정주 시인은 "기독교의 찬송가 번역은 서양 시가의 맨 처음 번역이라 할 수 있는 것으로, 이 일을 통해서도 서양적, 신시적(新詩的) 문장 연습의 기초를 닦았던 것을 쉬이 수긍할 수 있다."[12]라고 논평했다.

---

11 이상설, 『한국 기독교 소설사』 (1999, 양문각), p. 20
12 서정주, 『한국 현대시의 사적 개관』

기독교 문인들이
일제시대 민중을 이끎

　기독교 문학은 구한말과 일제의 암울한 시절, 민족주의를 고취하며 민중을 계몽하면서 미래에 대한 소망을 제시하고자 노력했다. 일제가 대동아 전쟁을 일으켜 우리 민족혼을 말살하기 위해 광분하던 시절에도 기독교 안에는 죽음을 무릅쓰고 그리스도인 문학가로서 지조를 지켰던 분들이 있었다.

　일제강점기와 해방을 전후해서 기독교적 문학작품을 쓴 사람으로는 남궁벽, 황석우, 김소월 등 한국시사 초기의 시인들과 김현승, 박두진, 박목월, 윤동주, 심훈, 박영준, 박계주, 김동리, 황순원, 임옥인, 전영택 등 한국 현대문학의 기초를 놓은 인물들을 꼽을 수 있다.[13]

　기독교적 색채가 짙은 현대 작품으로는 이광수의 『재생』, 심훈의 『상록수』, 박계주의 『순애보』, 염상섭의 『삼대』, 전영택의 『한 마리 양』, 김동인의 『이 잔을』, 황순원의 『움직이는 성』, 김동리의 『사반의 십자가』, 이문열의 『사람의 아들』 등을 들 수 있다.

---

13 김희보, p. 362, 해방될 때까지 우리나라 총인구에서 기독교인의 비율이 4퍼센트를 넘지 못했다는 사실을 감안하면, 해방 전 기독교 문인들의 영향력은 그 수에 비해 매우 컸다고 볼 수 있다.

일제강점기의
문인들에게 영감 줌

    춘원 이광수는 독실한 신자는 아니었어도 기독교적 개화 인사였음은 확실하다.[14] 그는 초기에 민족주의자였고 기독교에 대해 매우 호의적이었으나 훗날 두 가지 변절, 즉 친일행위와 불교개종을 하게 된다. 그의 초기 작품들은 기독교적 색채가 짙으며, 동시에 문학적 생명력이 넘친다. 그 중에서도 가장 기독교적인 작품은 『재생』이다.[15]

    김소월은 그가 지은 「신앙」이라는 시에서 "멍에는 괴롭고 짐은 무거워도 두드리던 문은 멀지 않아 열릴지니"라면서 절대자인 하나님을 찬양하며 신앙의 기능과 구원의 관계를 노래한 바 있다. 그러므로 미당 서정주는 "그의 시집에 나타난 몇 편의 종교적인 작품을 통해서 보면, 그의 종교적 정신의 핵심은 유교나 기독교에 가까운 데 있었던 듯하다."[16]라고 평가하고, 그가 "유교나 신약적 기독교의 것과 방불한 그 신을 찾아갔던 것은 사실이다."[17]라고 말했다.

---

14 이상섭, 『언어와 상상』 (문학과 지성사, 1980), p. 239; 임영천, p. 192
15 김희보, 『종교와 문학』 (대한기독교서회, 1988, 재판), p. 110. 순영의 슬픈 운명은 불교와 기독교, 민족과 친일 사이에서 갈등하던 작가 자신의 비극적인 미래를 예시하고 있다고 해도 지나친 말은 아니다. "'주의 부르시는 소리 들리네」를 순영은 얼마나 깊은 감격으로 불렀던고. 때도 아니 묻고 백설같이 흰 순영의 영혼이 얼마나 이 노래를 부르고 기도 드리며 고개를 숙였던고…."
16 서정주, 『한국의 현대시』 (일지사)
17 위와 같음.

현대문학의 소재 제공

염상섭은 대표작 『삼대』(1931년)에서 세 명의 부친을 통해 세 가지인 유형의 기독교를 제시했으니, 곧 퇴폐적인 '사이비 기독교'와 기복적인 '보수적 기독교', 그리고 민족주의적인 '실천적 기독교다.' 이 작품을 두고 평론가 김병익은 "기독교를 정면으로 다루어 본격적인 소재로 수용한 아마 최초의 작품"[18]이라고 했으며, 김윤식은 "우리 소설사의 으뜸자리에 놓인다."[19]며 찬사를 아끼지 않았다.

박계주가 쓴 『순애보(殉愛譜)』는 신문학사상 유례 없는 베스트셀러가 된 소설로, 이상적 그리스도인 상(像)을 빚어냈다. 살인범 치한을 용서하는 최문선, 간음한 남편과 그의 정부(情婦)가 교통사고를 당했을 때 그들을 위해 자신의 피를 공급하는 장혜순 등.

이 작품에 대해 박시교는 "인간을 미워할 수도, 미워해서도 안된다는 기독교적 사랑의 진리가 작품 속에 농축됨으로써 순애보의 소설적 기능을 더욱 값지게 했다."라고 평했다.

---

18 김병익, "한국소설과 한국 기독교", 김주연 편 『현대문학과 기독교』 (문학과 지성사, 1984), p. 68; 임영천, p. 197에서 인용
19 김윤식, 『염상섭 연구』 (서울대학교 출판부, 1987), p. 511; 임영천, p. 196에서 인용

기독교계 시인들이 한국 문학계의 별이 됨

"죽는 날까지 하늘을 우러러 한 점 부끄럼이 없기를" 바라던 윤동주는 기독교 정신의 정화를 가장 아름답게 꽃피워낸 민족 시인으로 손꼽힌다. 우리나라가 일본의 압제에 짓눌려 좌절감에 빠져 있던 1940년대의 어두운 시절, 청년 윤동주가 고고한 저항정신과 청순하고 희생적인 신앙심을 서정시로 표현하여 민족의 비애를 승화시켰다.

청록파 시인 박목월의 시 전반에 흐르고 있는 가장 큰 정신은 기독교였다.[20] 그는 일제치하에서 "끝까지 지조를 지키며 단 한 편의 친일문장도 남기지 않은 영광된 작가"[21]로 평가받았으며, 생애 마지막까지 많은 신앙시를 남겼다.

박두진도 줄곧 기독교 신앙인의 자세를 유지하며 시를 통해 하나님의 모습을 나타내고자 애썼다. 그의 시 세계는 흔히 '자연＋기독교'라는 공식으로 간추려질 정도인데, 그는 "시와 기독교의 두 대도(大道)를 내 평생의 여정으로 결정했다."[22]라고 말한 바 있다.

---

20 한홍자, 『한국의 기독교와 현대시』 (국학자료원, 2000), p. 127
21 임종국, 『친일문학론』 (5판; 평화출판사, 1983), p. 467
22 박두진, 『한국현대시론』 (일조각)

"하나님이 창조하신 모든 것을 사랑하라. 고스란히. 모래 속에 있는 알갱이 모두를. 나뭇잎 하나, 하나님의 빛줄기 하나까지…모든 것을 사랑할 때 그 속에 있는 하나님의 비밀을 감지할 수 있으리라."
– 도스토예프스키

"여기 들어오는 자여, 모든 희망을 버릴진저!"
– 단테 알리기에리(『신곡』에서 지옥문을 설명하는 대목)

"누구든지 예수님을 알아야 해요. 지금까지 살았던 사람들 가운데 그분처럼 선하고 친절하며 온화한 분, 곧 나쁜 짓을 하거나 병들었거나 가엾은 모든 사람들을 동정했던 분은 없었답니다."
– 찰스 디킨스(『우리 주님의 생애』에서)

"나는 예수 그리스도 내 구주의 유일한 공로에 힘입어 영원한 삶의 참여가가 될 것을 바라고 확실히 믿으며, 하나님 나의 창조주에게 내 영혼을, 흙에게 흙으로 지어진 내 육신을 맡기노라."
– 셰익스피어

PART 17
예술혁신

> 모든 음악의 지향점과 궁극적 목적은
> 하나님의 영광과 영혼의 원기회복 외에
> 다른 것이 되면 안 된다.
>
> – 요한 제바스티안 바흐(음악의 아버지)

건축기술의 발전 주도

서양인들이 로마시대 이후 잃어버렸던 조형 감각을 되찾아 더욱 경이로운 건축상의 발전을 이룰 수 있었던 것은 기독교 신앙의 덕분이었다.[1] 로마네스크(8~10세기)와 고딕(12~15세기) 양식을 거쳐 근대에 이르기까지 서양의 가장 대표적인 건축물은 교회였으며,[2] 건축가들이 내세웠던 바 적어도 명목상의 목표는 창조주 하나님께 영광을 돌리는 것이었다. 그러므로 로버트 벤슨 같은 건축가는 "고딕 양식의 건축물은 하나님을 갈망하는 영혼을, 르네상스나 로마네스크의 건축물은 인간 가운데 깃들어 사시는 하나님을 나타낸다."라고 논평했다.

예술적 감각이 있는 신자들은 조각, 모자이크, 그림, 스테인드 글라스 등의 다채로운 방법으로 성경에서 받은 영감을 표현했고, 그것들로 교회내부를 아름답게 꾸몄다. 그들은 또 온갖 상상력과 기술을 동원하여 예배의식에 필요한 복장, 비품, 장치 등을 고안해냈다.

---

1 René Sédillot, *The History of the World* trans. from the French by Gerard Hopkins (New York: The New American Library, A Mentor Book, 1951), p. 123
2 옛 서양에서 가장 큰 건축물들은 거의 다 교회들이었다.

서구의 시각예술 발전 주도

서구의 교회에 있어서 그림과 형상은 설교의 영적 의미를 되새겨주고 성경을 깨닫게 하는 유용한 도구였다. 중세 때 대부분의 사람들은 문맹이어서 성경을 읽거나 설교내용을 기록할 수 없었기 때문이다. 그러므로 교황 그레고리우스는 "지식인은 문서를 읽으며, 문맹자는 회화를 보면서 진리에 접근한다."라고 말했다. 이 무렵, 그림은 '평신도들의 성경'이었다. 따라서 17세기까지 서양의 시각 예술사는 서양의 교회 및 종교예술의 역사와 일치한다.[3]

만인제사장을 주창하는 종교개혁은 예술가들의 관심을 일상생활과 노동으로 돌려놓았다. 화가들은 농부나 가정주부 같이 평범한 이들을 주인공으로, 사실적인 풍경을 배경으로 그려 넣기 시작한다. 16세기에 접어들면서 개신교의 종교개혁이 활발했던 독일과 네덜란드 등의 나라는 종교개혁이 미흡했던 프랑스에 비해 많은 예술적 진전을 이룩했다.

---

3 Encyclopaedia Britannica 15th ed., 1984, macro. vol. 4, *Christianity: Art and Iconography*

종교개혁이 비범한 화가들 배출

알브레히트 듀러는 독일이 낳은 최고의 화가로 중세와 르네상스의 간극을 메우면서, 비범한 예술적 재능은 하나님의 영감에 기원한다는 믿음을 유럽에 전파했다.[4] 그는 열정적 개신교 신앙의 소유자로서 루터를 추앙했으며, 예리한 지성 및 꼼꼼한 솜씨로 에덴동산, 세상의 종말, 선과 악, 마귀를 비롯한 성경의 주제들을 자주 표현했다.[5]

네덜란드인 렘브란트는 칼뱅의 개혁주의 신앙을 잘 표현한 작가였다. 폴 자모(P. Jamot)는 그를 "화가 중에 가장 경건한 이"라고 평했다. 렘브란트는 성경의 주제들을 즐겨 그의 작품으로 다뤘으며, 그의 작품들은 성경의 복음에 대한 그의 깊은 통찰력을 보여준다.

빈센트 반 고흐는 짧은 인생을 살았으나 가장 유명한 미술가로 남아있다. 그는 개신교 목사의 아들이었으며, 일찍이 성직에 소명을 받은 인물로 한때 영국 런던의 빈민가에서, 나중엔 벨기에의 탄광촌에서 선교사로 일했다.

---

4 Cathie Cush, *Artists Who Created Great Works* (Austin, Texas: Steck-Vaughn, 1995), pp. 6f

5 같은 책, p. 7

위대한 음악 유산 남김

　음악은 기독교의 대표적 예술이라는 평을 오랫동안 받아왔다. 실제로 대표적 종교들 가운데 기독교처럼 음악을 많이 활용하는 종교가 없으며, 기독교인들처럼 인류에게 위대한 음악적 유산을 많이 남긴 종교인들도 없다.

　기독교는 음악적인 종교다. 성경에는 "노래하라"는 직접적인 명령만 50회에 달하며, 노래와 관련된 성경구절은 4백여 개에 이른다. 교부 아우구스티누스는 "노래는 곱절의 기도"라고 말했고, 종교개혁자 마르틴 루터는 "하나님의 말씀(성경) 다음으로 세상에서 가장 큰 보배는, 음악이라 불리는 고귀한 예술이다."라고 규정했다. 기독교는 바흐, 헨델, 베토벤, 멘델스존, 바그너, 리스트, 브람스 등등 수많은 음악인들에게 창조의 영감을 불어넣었다.

　대표적인 기독교 명곡을 열거하기란 과히 어렵지 않다. 바흐의 「마태 수난곡」, 헨델의 「메시아」, 베토벤의 「장엄 미사곡」, 멘델스존의 「엘리야」 등등.

음계를 정하고 음표 기록 방법 창안

로마와 그리스시대에도 음악과 노래와 춤이 있었다. 그러나 어떤 음악이었는지 현재의 우리는 알 수 없다. 왜냐하면 당시엔 가락과 선율을 표기할 수 있는 방법이 없었으므로 역사의 흐름 속에 모든 소리가 유실되었기 때문이다.

오늘날 우리가 사용하는 '도레미파솔라시도'의 음계를 정하고 음표를 기록하는 방법을 창안하여 노래들을 유실로부터 막아준 것은 11세기의 수도사인 귀도 다레초라는 한 그리스도인의 공로다. 이 음조 표기로 말미암아 작곡이 본격화되고, 음악이론이 발전되며, 다성부 음악과 화성이 가능하게 되었다. 이로써 세상의 음악은 멸절의 운명에서 건짐을 받아 후대로 이어질 수 있었고, 이론과 실제에서 도약할 수 있는 발판을 얻었다. 다레초의 아이디어는 간단했지만 탁월했고, 음악사에 혁명적인 새 시대를 열었으므로 그는 '음악의 발명자'(Inventor Musicae)라는 칭호를 얻었다.[6]

---

6 Reader's Digest, *How Was it Done?* (London: Reader's Digest, 1995), p. 416

종교개혁이 '음악의 아버지' 배출

요한 제바스티안 바흐는 그 재능을 모두 교회 봉사에 바친 개신교 그리스도인이다. 그의 음악은 종교개혁 문화와 성경적 기독교의 결정판이라고 해도 결코 과언이 아니다.[7] 그가 어찌나 루터를 존경하고 따랐던지, 어떤 역사가는 "루터 이후 3백 년의 기간 동안 그를 가장 잘 이해했던 사람 하나를 꼽는다면 바흐다."라고 말했을 정도다.[8]

신앙의 열정이 뜨거웠던 바흐는 음악을 자신의 소명으로 받아들였고, 악보의 서두에는 꼭 "오직 하나님께 영광"(Soli Deo Gloria), "예수님의 도우심으로" 또는 "예수님의 이름으로" 등의 구절을 기록하는 습관이 있었다.[9] 그가 남긴 작품의 양이 워낙 방대해서 그 작품을 꼬박 필사하는 데만 수십 년의 세월이 소요된다고 한다. 그는 성경의 진리를 구심점으로 삼아 그가 만든 곡들의 형식과 언어를 배열하고 조합했으며, 일평생 한 곳에 머물면서 정력적인 창작 활동을 했다.

---

7 Francis A. Schaeffer, *How Should We Then Live* 김기찬 역 『그러면 우리는 어떻게 살 것인가』(생명의 말씀사, 1995), p. 109

8 Frank E. Gaebelein, *The Christian, the Arts, and the Truth* (Portland: Multnomah, 1985), p. 135

9 Michael Collins & Matthew Price, *The Story of Christianity* (London: A Dorling Kindersley Books, 1999), p. 442

신앙체험이 위대한 음악을 만듦

  하버드 대학의 칼 프리드리히 교수는 바흐와 헨델 두 사람을 두
고 평하기를 "시대와 스타일의 제한을 뛰어넘어 음악의 최고봉에
도달한 자들"이라면서 "바로크 음악의 왕관이며 영광"이라고 극찬
했다.[10] 이 두 사람은 모두 개신교 신자로 종교개혁기에 활동했다.

  헨델의 대표적인 작품 「메시야」의 가사 한 구절 한 구절은 모두
성경에서 따온 것이다. 그는 23일 동안 골방에 박혀 작곡에 몰두하
면서 엄청난 영적 체험을 겪었으며, 감정이 북받쳐서 울었다. 놀란
하인에게 그는 "내 면전에서 온 하늘과 위대하신 하나님을 몸소 보
았노라."라고 말했다고 전해진다. 「메시야」를 작곡한 후 그는 하늘
이 열리며 하나님이 몸소 중앙에 좌정하시고 그 둘레에 그의 천사
들이 있는 것을 보았다고 말했다.[11] 「메시야」가 공연될 때면 '할렐
루야'라는 합창 대목에서 모든 청중이 일어나는 전통이 2백 년 이
상 이어졌다.

---

10 Frank E. Gaebelein, *The Christian, the Arts, and the Truth* (Portland: Multnomah, 1985), p. 136

11 "All Church Music, All the Time?" Courier-Journal [Louisville, Ky.], 24 Dec. 1995; Charles Colson, *How Now Shall We Live?* (Wheaton, IL: Tyndale House, 1999), p. 442에서 재인용

고전음악의 주역들 배출

모차르트는 "나는 주님께 소박하게, 어린아이 같은 믿음으로 나아간다. 그 주님께서 날 위해 고난 받으시고 죽으셨다는 것을 기억하는 것은 내게 큰 위로가 된다."라는 말을 남겼으며, 죽을 때까지 교회와 깊은 관련을 맺고 살았다.

하이든은 악보를 쓰다가 막히면 기도했다. 그는 "한 소절이 잘 풀리지 않으면 혹시 내가 실족하여 은혜를 배신하지는 않았는지 찾으려 애쓰고, 용서받았다고 느낄 때까지 자비를 구했다."라고 한다.[12]

베토벤은 로마 가톨릭 교인으로 세례받았으며 임종 시 기꺼이 신앙을 고백했을 뿐 아니라 그의 노트와 글은 그의 삶에서 하나님이 중심적 자리를 차지하고 있음을 나타내고 있다.

멘델스존은 유대인 출신 개신교 신자로서 그가 1830년 작곡한 「개혁 교향곡」은 마르틴 루터의 찬송시 「내 주는 강한 성이요」가 울려나오면서 마무리 된다. 그가 작곡한 「결혼행진곡」은 아마도 이 세상에서 가장 많이 사용된 고전음악일 것이다.

---

12 Patrick Kavanaugh, *Spiritual Lives of the Great Composers* (Grand Rapids: Zondervan, 1996), p. 39

애국가 작곡

안익태는 외국 곡에 붙여 부르던 애국가에 곡조를 붙여서 오늘날의 애국가로 발전시켰다. 그의 음악적 재능을 키워준 것은 교회와 찬송가였다.[13] 그가 애국가를 작곡하려고 결심한 것은 민족운동에 활기를 주며, 애국정신을 북돋기 위함이었다.[14] 그는 애국가의 작사자가 도산 안창호임을 듣고 기뻐했다고 한다.[15] 훗날 안익태는 5년의 각고 끝에 「애국가」 작곡을 완결했던 날을 회고하면서 "하나님의 암시로 후렴 전부를 근작했습니다."라고 고백했다.[16]

1936년 베를린 올림픽이 시작될 무렵, 안익태는 독일로 가서 그곳의 교포들에게 「애국가」를 가르쳤다. 교포들은 손기정 선수가 마라톤에서 우승하여 월계관을 쓸 때 눈물을 흘리며 애국가를 불렀다고 한다. 남한정부는 미군정에서 벗어난 1948년 「애국가」를 대한민국의 국가로 정식 채택하고 지금까지 사용하고 있다.

---

13 김경래, 「동해물과 백두산이 말으고 달또록」, (현암사, 1991), p. 20
14 안익태, "대한민국 애국가" 「신한민보」 1936년 3월 26일자
15 애국가의 작시자는 불분명하나, 보통 안창호보다는 윤치호를 꼽는다.
16 안익태, "대한민국 애국가" 「신한민보」 1936년 3월 26일자

PART 18
이웃사랑

> 세계 최대의 보육원으로 성장한 영국의
> "바나도의 집"의 로고의 원 안에는 "가난한 어린이는 언제든
> 거절 않음"이라는 문구가, 둘레에는 "또 누구든지 내 이름으로
> 이러한 어린아이 하나를 영접하면 곧 나를 영접함이니"라는
> 성구(마태복음 18장 5절)가 적혀있다.

이웃사랑 전파

영생의 길을 묻는 자에게 예수님은 "(주 너의 하나님을 사랑하고 또한) 네 이웃을 네 몸과 같이 사랑하라."라고 대답하셨다.[1] 여기에서 "네 이웃"이란 우리와 같은 신앙을 소유하는 자만을 가리키지 않는다. 예수님은 강도를 만나 큰 어려움에 처했던 한 사람을 도왔던 사마리아인의 비유를 말씀하신 후 청중에게 "너도 이와 같이 하라."라고 명하셨다.

기독교회는 '이웃사랑'이라는 명제를 이 세상에 들여왔다. 프랑스의 사상가 몽테스키외는 "기독교는 그 이전에 앙상한 형체만 가지고 있던 사랑의 개념을 영혼의 가장 고상하고도 푸근한 능력으로 승화시켰다."라고 표현했다.[2]

이 세상엔 온갖 고통이 존재한다. 역사상 수많은 그리스도인들이 예수님의 가르침을 따라 고통받는 이들의 곁에 서서 그들의 필요를 채우는 이웃이 되고자 노력했다.

---

1 누가복음 10:25-28
2 Montesquieu, *Esprit des lois* viii. 9; FTC p. 275에서 인용

유아살해와 유기 금지

　고대사회에서는 유아살해가 성행했다. 또 어린이를 죽여 신에게 바치는 이방 종교들이 많았다. 로마제국의 부모들은 자식에 대해 생사여탈권을 가지고 있어서 자녀에게 매질을 하든 자녀를 불구로 만들든 아무런 법적 제한이 없었다. 혼외자식이나 병약한 아기는 종종 산이나 길가에 버려졌다.

　예수님께서는 아이들을 품에 안으시며 손을 대어 축복하셨다.[3] 그의 교훈을 이어받은 교회는 처음부터 유아살해와 유기를 반대했다. 신자들은 버려졌던 수많은 유아들을 구출하고 양육했으며 구출해 낸 고아들을 돌보기 위해 4세기 무렵에 로마, 아테네 등 각 교구마다 보육원을 세웠다. 기독교를 공인한 콘스탄티누스 황제와 그 후계자들은 유아를 버리는 관행을 중단시키기 위해 여러 가지 개혁 법안을 제정했다. 발렌티아누스 1세는 교회의 영향을 받아 유아살해자를 극형에 처하도록 하는 법을 반포했다.[4]

3　마가복음 10:16
4　Will Durant, *The Age of Faith* (New York: Simon and Schuster, 1950), p. 77

어린이 보호 및 인권신장 주도

기독교를 받아들인 지역에서 어린이에 대한 관심과 배려가 확장되었다. 유아세례를 통해 어린이는 일찍 교회의 일원으로 편입되었으며, 열두 살 이후의 소년은 스스로 책임질 수 있는 인격체로 규정됐다.[5]

마르틴 루터를 비롯한 종교개혁자들은 국가가 모든 계층의 모든 어린이들에게 무료로 교육을 제공하는 의무교육을 역사상 처음으로 주장하고 실천함으로써 어린이들의 인권신장에 새로운 길을 열어주었다.

19세기 영국의 샤프츠베리 백작을 비롯한 복음주의 정치가들 및 많은 목회자들은 어린이학대방지협회(NSPCC)를 세웠으며, 아동학대를 방지하는 법률제정에 주도적인 역할을 수행했다. 이 법에 따라 부모라도 자녀에게 살 집이나 식사나 마땅한 의료혜택을 제공하지 않으면 처벌받게 되었다.

---

5   Bert H. Hall in Carl F. H. Henry, *Baker's Dictionary of Christian Ethics* (Washington D.C.: Canon Press, 1973), *Children*

인도에서 유아살해 및 청소년 성학대 방지

인도에서는 갓난아이들이 앓거나 심하게 울면 악령의 영향으로 간주하고 아이들을 유기하는 풍습이 있었다. 또 신들에게 아이들을 제물로 바쳐 죽게 하는 일도 비일비재했다. 이러한 악습은 인도로 갔던 선교사 윌리엄 캐리가 유아살해 현황에 대해 조사해서 제출한 보고서를 인도 식민지 정부가 받아들여 법으로 금지한 이후 크게 줄어들었다.[6]

또 힌두교의 사원들은 20세기 초반까지 수많은 여자 아이들을 끌어들여 강제적으로 '신과 결혼'시킨 후 신전을 찾아오는 남자들에게 성적 노리갯감으로 내어주었다. 이러한 신전매음을 없애는 데 결정적 수훈을 세운 이들은 에이미 카마이클을 비롯한 기독교 선교사들이었다. 카마이클은 1901년 도나버(Donaver) 공동체를 세워서 신전 속에 갇혀있던 소녀들을 구출한 다음, 이들에게 의식주를 제공하고, 치료를 받아 사회에 재적응할 수 있도록 도와주었다.

---

6 Ruth & Vishal Mangalwadi, William Carey, *A Tribute by an Indian Woman* (New Dehli, India: Nivedit Good Books, 1993), p. 17

고아 돌보기를 가르침

깨끗하고 참된 신앙이란 무엇인가? 이 물음에 대한 성경적 답은 자신을 지켜 세속에 물들지 아니하는 것뿐 아니라 "어려운 처지에 있는 고아와 과부를 돌봐주는 것"[7]이다. 고아들을 돌볼 것을 명령하는 구절은 구약성경에도 여러 번 되풀이된다. 부모 없는 아이들의 필요를 채워주는 것은 십일조의 주요 용도였고,[8] 하나님의 복을 바랄 만한 선행이었던 반면, 고아를 압제하는 자는 혹독한 심판을 각오해야 했다.[9]

기독교회는 초창기부터 부모들이 원치 않는 아이들을 밖에 내다 버리는 시대의 풍속을 반대했을 뿐 아니라 버려진 아이들을 모아 돌보았다. 특히 기독교가 합법화된 이후엔 보육원을 세워 고아들을 부양했다. 중세시대엔 수도원이 이 일을 떠맡았다. 종교개혁 이후 체계화된 보육원은 현대 고아를 위한 시설의 모범이 되었다. 복음이 전파되는 세상 곳곳에 이전에 없던 보육원들이 생겨났다.

---

7 야고보서 1:27
8 신명기 26:12
9 말라기 3:5

고아 돌봄의 체계적인 발전

　종교개혁 이후 교회들은 고아 돌보기를 체계적으로 발전시켰다. 네덜란드에서는 교회마다 따로 보육원을 세워, 신자들의 연보로 재정을 충당, 운영했다.[10] 17세기 독일의 경건주의자 프랑케는 보육원을 중등학교와 긴밀히 연결하여 교육적인 기능을 확충했으며, 영국과 북미의 정부들은 그의 본보기를 따라 보육원을 운영했다.[11] 이들 보육원들은 가난한 집안의 자녀들을 위해 급식을 제공할 뿐 아니라 직업 교육 학교의 역할도 수행해 그들이 가난에서 벗어날 수 있도록 도와주었다. 오늘날의 현대적 고아수용 시설은 프랑케가 세웠던 보육원에 그 기원을 둔다.[12]

　18세기 부흥운동이 일어난 이후 교회 안에서는 고아의 복지에 관한 많은 토의와 검증이 이뤄졌다. 20세기 이후 고아 돌보기는 주로 국가나 사회 또는 인도주의적 기관들의 책임이 되었지만, 여전히 기독교의 뿌리에서 나온 특성들을 간직하고 있다.[13]

---

10 Encyclopaedia Britannica 15th ed., 1984, macro. vol. 4, *Christianity: Care for the Poor, Widows and Orphans*

11 위와 같음.

12 『두산세계대백과사전』(1993), "보육원" 창립

13 Encyclopaedia Britannica 15th ed., 1984, macro. vol. 4, *Chrisitianity: Care for the Poor, Widows and Orphans*

세계 최대의 보육원 설립

19세기 말의 급격한 인구팽창, 산업혁명, 전염병 발생 등으로 인해 당시의 영국엔 수많은 결손가정이 발생했다. 수천 명의 고아들이 거리에서 잠을 잤으며, 많은 소년소녀가 공장에서 일하다가 불구가 되어 박대를 당했다.

토머스 바나도는 젊었을 때 예수님을 영접한 뒤 가난한 어린이들을 위해 삶을 바치기로 결심하고 거리의 소년들을 자신의 집으로 데려와 그들을 돌봐주는 일을 시작했다. 그가 시작한 '바나도(Barnado)보육원'은 "가난한 어린이는 언제든 거절 않음"(No Destitute Child Ever Refused Admission)이라는 표어를 내걸고 고질병의 마지막 단계에 접어든 아이, 저는 아이, 언어 또는 시각장애가 있는 아이, 오랫동안 방치된 아이 등 누구든지 가난하기만 하면 받아주었다.[14] 바나도는 평생 6만여 명의 소년소녀를 보살폈으며, 그가 남긴 보육원은 현재에도 9만 명의 불우 어린이들을 돌보고 있다.

---

14 A. E. Williams, *Barnardo of Stepney: the Father of Nobody's Children* (George Allen and Unwin, 1943), p. 7; ICC p. 143에서 인용

우리나라에 보육원 설립

우리나라에 왔던 선교사들도 고아교육에 깊은 관심을 갖고 일반 학교에 앞서 보육원 학교부터 세웠다. 즉, 한국 근대교육의 효시라고 부르는 배재학당을 열기 한 달 전인 1886년 5월 고아와 극빈자 아이들을 수용해서 기술을 가르치는 보육원 학교를 시작했다. 이 보육원 학교는 '언더우드 학당', '예수교 학당' 등으로 불리다가 1905년 오늘날의 경신학교로 정착했다. 가톨릭교회는 이 뒤를 따라 1888년 명동성당에 보육원을 설치, 운영했다.

선교사들은 일제강점기와 6·25전쟁 기간 동안 이 땅의 수많은 고아들을 돌보았다.[15] 또 홀트아동복지회를 비롯, 수많은 기독교 기관들이 6·25전쟁과 가난으로 부모를 잃은 아이들에게 새로운 가정을 찾아주었는데, 이들을 입양한 미국과 유럽의 부모들 역시 대부분 기독교 정신에 기반을 두고 있는 사람들이었다.

---

15 "한국전쟁고아를 돌봐온 미국 선교사들 추모"「연합뉴스」, 2009-05-17, 07:55

과부를 보살핌

전쟁이 잦은 남성위주의 고대사회에서 과부는 약자였다. 구약성경은 야훼 하나님의 자비로우신 성품을 종종 "과부의 보호자"로 묘사했으며, 남편을 잃은 여자들을 돌보는 것을 하나님의 백성들이 지켜야 할 대표적인 의무로 규정하고,[16] 과부를 괴롭히는 것을 악질의 죄로 다루었다.[17]

교회는 초창기부터 과부를 돕기 위해 의식주를 공급했다.[18] 교회의 재정적 후원에 힘입어 과부들은 모임의 음식을 마련하거나, 손님을 영접하는 일 또는 기도에 힘썼다.[19]

복음이 들어가기 이전의 어떤 지역에서는 과부를 죽이는 악습이 있었다. 피지에선 추장이 죽으면 그 아내를 목 졸라 죽였으며, 인도에선 남편이 죽으면 그 아내를 장작더미에 눕혀 함께 불태워 죽였다. 이러한 풍속들은 선교사를 통해 기독교 윤리의 영향력이 확대되면서 서서히 사라졌다.[20]

---

16 이사야 1:17; 사도행전 6:1; 야고보서 1:27
17 신명기 27:19
18 사도행전 6:1-3
19 F. F. Bruce, *The Spreading Flame* (Devon, UK: Paternoster, 1964), p. 189
20 Alan R. Tippett, in *Widow-Strangling*, BDE

가난한 사람을 돕도록 가르침

성경은 가난한 이웃을 돕는 자를 축복하는 반면,[21] 그들을 압제하는 자를 정죄한다.[22] 예수를 따르던 사도들은 부흥하고 있던 교회들에게 특별히 가난한 자들을 기억하라고 조언했다.[23]

초창기의 교회는 구성원들의 상호부조를 위한 조합의 역할도 했다.[24] 부유한 신자들은 공동기금에 재산을 헌납했고, 가난한 이들은 그 기금으로 도움을 받을 수 있었다.[25]

한 지역 안에서 동료신자들의 필요를 채워주던 구제의 관행은 곧 여러 곳에 흩어진 교회들을 연결하는 상호부조로 발전했다.[26] 보기를 들면, 예루살렘 교회의 가난을 덜어주기 위해 터키 지방의 안티오크에 살던 이방인 신자들과 에게 해의 양안(兩岸)에 살던 신자들은 대규모의 연보를 거두어 보냈다.[27] 이처럼 상호부조는 교회사 초기에 형성됐던 수많은 그리스도인 공동체를 묶어주는 고리였다.

---

21 시편 41:1; 잠언 14:21 등

22 시편 72:14; 이사야 3:15; 아모스 2:6 등

23 갈라디아서 2:10

24 Williston Walker, *A History of the Christian Church* 송인설 역 『기독교회사』 (크리스챤 다이제스트, 중판 1993), p. 60

25 사도행전 11:29f, 12:25

26 F. F. Bruce, *The Spreading Flame* (Devon, UK: Paternoster, 1964), p. 188

27 고린도전서 16:1ff; 고린도후서 8:1ff; 로마서 15:25ff

구제 실천

　초창기 교회는 선행과 구제로 유명해서 가난한 자들이 떼를 지어 교회를 찾아왔다. 물론, 트라야누스, 마르쿠스 아우렐리우스 등 로마의 몇몇 황제들도 교회와 유사한 구제 사업을 펼쳤지만, 그 정도는 그리스도인들과 비교할 수 없을 만큼 미미했다.[28] 그러므로 기독교를 박해했던 율리아누스마저 그리스도인들이 "자신들뿐 아니라 우리(불신자들) 중 가난한 자들까지 도와주고 있다."면서 "정작 우리는 도움이 필요한 동포들에게 아무것도 못해주고 있으니 창피하기 그지없다."라고 고백했다.[29]

　당시 교회가 가난한 자를 돕는 것은 너무나 당연한 사실이었기 때문에 구제를 회피하면 이단으로 간주되는 판국이었다. 교부 이그나티우스는 "(이단자들은) 사랑에 전혀 관심이 없다. 그들은 과부, 고아, 비탄에 빠진 자, 고통당하는 자, 감옥에 갇힌 자, 감옥에서 풀려난 자, 배고픈 자, 목마른 자 등을 전혀 돌아보지 않는다."[30] 라고 말했다.

28　Charles Harris, *Pro Fide* (London: Hazell, Watson & Viney, 1923, 3rd ed.), p. 520

29　Ruth A. Tucker, *From Jerusalem to Irian Jaya* 박해근 역 「선교사열전」 (크리스챤다이제스트, 1995년 7판), p. 25

30　*Smyrnaeans* 6.2

교회가 구제활동의 중심이 됨

313년 기독교가 로마제국에서 공인된 이후 교회가 감당하는 구제의 폭이 더욱 늘어나서 교회는 가난한 자들의 공식 보호자가 되었다.[31] 대도시 교회로부터 자선 구호금이나 물품을 받는 사람의 숫자는 수천 명에 이르렀다. 교회는 로마 시를 일곱 구역으로 나누고, 각 구역마다 '디아코니아'란 이름의 건물을 세워 집사들을 통해 빈민에게 구제품을 전달했다. 크리소스톰이 담임하던 안티오크 교회로부터 매일 빵을 배급받던 사람이 3천 명이었으며,[32] 좀 더 규모가 큰 콘스탄티노플의 경우 7천 명에 달했다.

로마제국의 각 교구에는 급식소 외에도 병원, 양로원, 뜨내기들을 위한 숙소, 고아원, 버려진 어린이들을 위한 보육원 등의 구호기관들이 들어섰다. 동로마 교회의 수도원들도 자선사업을 벌였으며, 가난한 자들과 딱한 처지의 노인들을 위한 급식소와 더불어 병자들을 위한 병원도 운영했다.[33]

---

31 S. Cheetham, *A History of the Christian Church during the First Six Centuries* (London: Macmillan and Co. Ltd., 1905), p. 335

32 *Hom.* 66 [al. 67] in *Matthaeum*; S. Cheetham, *A History of the Christian Church during the First Six Centuries* (London: Macmillan and Co. Ltd., 1905), p. 335

33 Kenneth Scott Latourette, *A History of Christianity* 윤두혁 역 『기독교사』 (생명의 말씀사, 1980) Ⅱ, p. 127

'자발적인' 구제 장려

8세기에 접어들면서 교회는 모든 신자들로부터 세를 받아 가난한 자를 도와주는 사회종합 구제체계를 구축했다. 그러나 교회는 초창기의 순수했던 자발성을 점점 잃어가고 있었다. 어느새 교회의 구제는 주는 이와 받는 이 사이의 체온과 사랑이 메말라버린 채 부담스러운 제도로 변질되어 버렸다.[34]

종교개혁은 수도원 안에 갇혀있던 선행을 바깥으로 끄집어냈다. 이제 선행은 수녀들이나 사제들의 전유물이 아니라 평신도 역시 세상 속에서 실천해야 하는 덕목이 되었다. 구제의 자발성을 회복하기 위해 개혁교회는 사도행전에 나오는 구제 담당 집사직[35]을 새로이 출범시켰고, 루터교회는 각 지역의 신앙 공동체가 그곳의 빈민을 구제하도록 했다. 산업혁명의 여파로 도시 곳곳에 빈민가가 생겨날 때 많은 신자들이 구세군, YMCA 및 교회가 이끄는 각종 사회복지기관들을 통해 자발적인 구제에 참여했다. 하나님께서는 흔쾌히 내는 자를 사랑하신다는 성경구절(고린도후서 9장 7절)은 그리스도인 기부의 표준이 되었다.

---

34 Morris L. Stevens in Carl F. H. Henry, *Baker's Dictionary of Christian Ethics* (Washington D. C.: Canon Press, 1973), p. 640

35 사도행전 6:1 이하 참조

기부의 모범

미국교회는 후한 연보(자기 돈을 내어 다른 사람을 도와줌)로 유명하다. 역사학자 라투레트는 "우리나라(미국) 역사에서 한 가지 놀라운 점이 있다. 그것은 이 나라의 경제가 성장할 때 재산을 축적했던 이들이 거액을 헌금했는데, 그렇게 기부할 수 있었던 주된 동기가 기독교였다는 점이다."[36]라고 말했다. 후한 기부금에 힘입어 미국의 교회는 19세기에만 수백 개의 병원을 짓고, 많은 수의 고아원과 양로원들을 재정적으로 지원했다.

침례교 신자였던 록펠러 1세는 19세기 말 석유 개발로 얻은 거대한 부를 박애사업을 위해 썼다. 그는 자신의 부가 하나님의 선물이라는 점을 확신하고[37] 먼저 목회자들의 자문을 얻은 후 자신이 선택하거나 설립한 기관들을 통해 엄청난 기부금을 냈다. 오늘날 미국에서 매주 예배에 참석하는 이들의 숫자는 소수(38퍼센트)에 불과하지만, 이들이 전국 총기부금 액수의 3분의 2를 기부한다고 한다.[38]

---

36 Kenneth S. Latourette, *A History of the Expansion of Christianity* (New York: Harper & Row, 1970) iv. pp. 413f
37 같은 책. iv. p. 414
38 Tim Stafford, "어떤 사람들이 구제하는가" 『목회와 신학』 1998년 8월호 p. 243

선교사와 한국교회의 구제 실천

구한말 한국을 찾은 선교사들은 전염병 때문에 성 밖에 버려진 이들을 찾아갔으며, 생계를 잇기 어려운 이들을 진료할 때면 치료 기간의 생활비 전액도 책임져주었다.[39] 특히 지방에 선교사들이 세운 병원이나 진료소를 찾는 이들의 대부분은 가난하고 의지할 데 없는 서민이었다. 선교사들은 이들을 거의 무료로 진료해 주었다.

춥고 가난하던 일제강점기에 우리나라에선 해마다 겨울이면 적지 않은 숫자의 거지나 노숙자들이 길거리에서 얼어 죽었다. 구세군은 1919년 노숙자를 위한 시설을 구세군사관학교 안에 마련했으며, 얼어 죽을 위험에 처한 자들을 밤중에 찾아 나서서 '야간 숙소'에 따뜻이 재우고 먹이고 하는 일들을 했다. 다른 단체에 속한 그리스도인들도 성경학원 안에 '삼동회'(三同會)를 조직해서 거리에서 동사의 위험이 있는 자들을 따뜻한 방에 데려와 사흘간 무료 숙박시켰으며, 기독교청년회 YMCA는 '거지 소년학교'를 세웠다.

---

39 *The Annual Report of the Missionary Society of the Methodist Episcopal Church*, 1884, pp. 268f; 한국기독교역사연구소, 『한국 기독교의 역사』 (기독교문사, 1990), p. 195에서 재인용

난민 도움

난민이란 '전쟁이나 재난 따위를 당하여 곤경에 빠진 백성'을 가리킨다. "죽음으로 끌려가는 사람들을 구하고 죽임을 당하게 된 사람들을 구해내라."[40]라는 성경의 말씀에 따라 그리스도인은 지구촌을 누비며 재난을 당한 이들을 돕는다.

20세기 이후 난민구호 활동을 전담하는 대표적인 기구로는 적십자사, 월드컨선, 월드비전, 컴패션, 헬프 인터내셔널, YMCA, 국제 기아대책본부, 구세군 등 여러 단체들을 꼽을 수 있는데,[41] 대부분 기독교적 색채를 띠고 있다.

탈북자들도 난민에 포함된다. 많은 선교사들과 그리스도인들이 북한을 탈출한 난민들을 생명의 위협을 무릅쓰고 지원했다. 특히 탈북이 본격화된 1990년대에 그들을 보호하여 안전한 곳에 정착하도록 도움을 주었다. 영국의 BBC 방송은 2003년 80~90퍼센트의 탈북자들이 기독교로 전향한다고 보도한 바 있다.[42]

---

40 잠언 24:11

41 Encyclopaedia Britannica 15th ed., 1984. macro. vol. 16, *Social and Welfare Services*

42 http://news.bbc.co.uk/2/hi/asia-pacific/2749491.stm, 2003년 2월 11일

장애자 돕기

성경은 장애자를 괴롭히는 자를 저주한다.[43] 예수님은 장애자로 태어난 것이 죄 때문이 아니라 오히려 하나님의 일을 위해서라고 말씀하셨으며,[44] 자신을 찾아온 모든 종류의 장애자들을 손수 고쳐 주셨다.[45]

앤 설리번은 볼 수 없고 들을 수 없고 말할 수 없던 헬렌 켈러를 훌륭한 저술가요, 교육가, 사회사업가로 길러냈다. 설리번은 삼중의 장애를 지닌 켈러에게 가정교사로서 글과 학문을 가르쳐줌과 동시에 예수 그리스도를 알려주었다. 선생님의 자상한 돌봄에 힘입어 헬렌은 래드클리프 대학에 입학, 1904년에 우등으로 졸업했으며 대학교육을 받은 세계 최초의 맹·농아자가 되었다.

주한 선교사들은 시각장애자 여학교(1903년)와 시각장애자 남학교(1904년)뿐 아니라 언어 장애자 학교(1909년)를 세움으로써 이 나라 장애자 교육의 선구자가 되었다.

---

43 레위기 19:14
44 요한복음 9:3
45 마태복음 15:29-31

시각장애자 학교 설립

주한 선교사 로제타 홀은 앞 못 보는 소녀 봉래에게 연민의 정을 가지고 있었다. 의료선교사 남편 윌리엄을 여읜 뒤 미국에 잠시 머물러 있는 동안에도 봉래를 잊지 않고 그를 도울 수 있는 방법을 찾기 위해 유명하다는 맹인연구소는 다 직접 찾아다녔다고 한다.

홀 여사는 조선에 귀임한 후 봉래에게 글 읽는 법을 가르쳤다. 그녀는 빳빳한 조선 기름종이에 바늘로 찍어 점자를 만드는 방법을 터득한 후 그해 겨울에 여가를 이용해서 한국어 교재 전체를 이 방법으로 복사했다고 한다. 봉래는 이 점자로 '가나다라'를 해득한 뒤 일 년 만에 준비된 모든 교재들을 읽을 수 있었다. 봉래가 글을 배워 행복해진 것을 본 사람들이 홀 부인에게 자기들이 알고 있는 다른 맹인 소녀들도 받아달라고 간청한다. 이것이 우리나라 최초의 맹인학교의 시작이다. 이 경비를 충당하기 위해 홀 여사는 자신의 패물과 옷가지도 팔았다.[46]

---

46 정혜원, 『조선에 묻힌 사람들의 이야기』 (한국누가회, 1999), p. 217

농민 돕기

1920년대 우리나라 인구의 80퍼센트를 차지하던 농민은 일제의 수탈로 아사 직전의 위기로 내몰렸다. 많은 이들이 떼를 지어 정든 고향을 버리고 만주로, 일본으로 떠났다. 그때 인구의 극히 작은 부분을 차지했던 그리스도인 청년들이 농민을 돕기 위해 모든 것을 버리고 시골로 달려갔다.

기독교의 농업활동은 국내외의 YMCA가 장로교, 감리교 두 교파와 긴밀히 협력하는 형태로 이뤄졌다. 그 활동이 다른 조직과는 비교가 안 될 정도의 대규모로 진행되었으므로 일본 제국주의자들과 국내 공산주의자들에게 적잖은 경계와 시샘을 불러일으켰다.[47] 선교사 스왈론과 애덤스는 우리나라에 사상 처음으로 사과나무를 들여왔다.[48] 루츠는 병충해를 다스릴 방법을 보급하고, 가뭄에 저항력이 강한 곡류를 개발했으며, 윤작제를 가르쳤고, 겨울에는 농민학교를 이끌어 지도자 양성에 힘썼다.[49]

47 전택부, 『한국교회발전사』 (대한기독교출판사, 1987), p. 216
48 이영헌, 『한국기독교사』 (컨콜디아사, 1991, 8쇄), p. 174. 이들은 초기 선교사들이다.
49 이영헌, 『한국기독교사』 (컨콜디아사, 1991, 8쇄), p. 174

농민 계몽에 앞장섬

YMCA의 신흥우 총무는 1925년 신년사에서 "금년부터 사업의 입장을 바꾸어 도시를 버리고 (우리나라 인구의) 8할 이상이나 되는 농촌개발을 표준으로 하여 일을 하려 합니다."라고 발표한다. YMCA는 특히 농촌지도자 육성에 주력했고 1927년 6월까지 전국의 15개 지부에서 3개월씩 무려 2천 6백여 명을 교육시켜 농촌현장으로 내보냈다. 농촌을 살리기 위해 협동조합 및 농민회 조직, 양돈·양계·낙농법과 더불어 양곡증산 및 비료사용법의 보급 등 다양한 농업발전 프로그램을 진행했고, 이와 함께 문맹퇴치, 스포츠 보급 등의 문화활동도 병행했다.

이때 기독교 계몽 운동가들의 눈부신 활약은, YWCA의 파송을 받아 경기도 화성군 샘골(泉谷)[50]에서 농촌개발 사업을 하다가 26세의 꽃다운 나이로 숨진 최용신 여자 전도사(실제 인물)의 순애보적 삶을 소설화한 심훈의 『상록수』를 통해 잘 표현됐다.

---

50 현재의 안산시 상록구

덴마크의 농촌을 세계의 모범으로 만듦

우리나라의 기독교 청년단체들이 본격적으로 농촌에 뛰어들게 된 계기는 우리 민족 지도자들이 덴마크를 견학 방문한 이후 이뤄졌다.[51] 덴마크는 오랫동안 우리나라 농촌개발의 이상적 모델이었다.

덴마크의 농촌개발에 결정적 역할을 담당함으로써 그 나라의 번영에 이바지한 이는 니콜라이 그룬트비 목사다. 그는 기독교 신앙과 애국심 사이에 밀접한 연관성이 있다고 믿었으며, 조국이 기독교 신앙 및 행동으로 변화되기를 원했다. 그가 이끌었던 농촌 협동조합 운동과 교육개혁은 '그룬트비주의'(Grundtvigism)라고 불렸는데, 농촌개발에 있어 전 세계적인 귀감이 되었을 뿐 아니라 오늘날 덴마크 사람 특유의 성품을 형성시켰다.

우리나라의 신앙인 류태영 박사는 덴마크에서 농촌개발을 배운 뒤 귀국해서 대통령의 자문이 되어 1970년대의 새마을 운동을 설계하고 집행함으로써 농촌부흥의 초석을 놓았다.

---

51 민경배, 『한국기독교 사회운동사』 (대한기독교출판사, 1990, 3판), p. 230

노동조합 설립 및 성장 촉진

영국 톨퍼들 지방 도체스터 농장의 일꾼 여섯 명이 1834년 어느 날 집에서 강제로 끌려나와 재판에 회부되었다. 그들은 최저생계비에도 못 미치는 임금을 받고 있었는데, 그나마도 거듭 삭감당하자, 항의하다가 전격 체포된 것이다. 이들은 농업노조를 결성하려 했다는 이유로, 7년의 유배형을 선고받았다. 이 소식을 듣고 런던 노조의 담임목사인 웨이드가 이끄는 3만 명의 사람들이 거리를 행진하면서 판결의 부당성을 호소했고, 정부는 서둘러 여섯 일꾼을 사면했다.

이 사건은 초기 노동조합 역사에서 가장 유명한 실화다.[52] 노조운동은 이 투쟁에서 승리를 거둔 후 크게 성장한다. 영국의 수상이었던 데이비드 조지는 "노동자 계층의 임금과 근로시간 등 제반 여건을 개선시킨 운동을 지휘했던 최고의 간부나 참모의 대부분은 감리교 운동이 낳았던 단체에서 훈련받은 자들이었다."라고 증언했다.[53]

---

52 J. Wesley Bready, *England: Before and After Wesley* (London: Hodder and Stoughton Ltd.), p. 389

53 J. W. Bready, *This Freedom—Whence?* p. 275; J. Edwin Orr, *The Light of the Nations* (Exeter, UK: The Paternoster Press, 1965), p. 91에서 인용

재소자의 인권보호 요구

동서고금을 막론하고, 감옥에 수감된 자들은 비인간적인 대우를 받았다. 구한말 이탈리아 외교관은 조선의 감옥상태에 대해 끔찍한 이야기를 들려준다.

"감옥의 상태에 대해 말하고 싶지 않다. 보는 것만으로도 공포를 불러일으키기 때문이다. 상처투성이에 진흙 범벅이고, 벌레를 먹어치우며, 쇠사슬로 묶여 있기도 하고, 살아있는 해골처럼 바짝 마른 불쌍하고 불결한 존재가 사람이라는 사실이 쉬이 믿어지지 않는다."[54]

유럽에서는 종교개혁이 진행되던 무렵부터 재소자의 처우개선에 대한 요구가 나오기 시작했다. 죄수들로부터 자백을 어떻게 해서든 받아내기 위해 고문하는 행위를 비난했던 스웨덴의 종교개혁자 올라부스 페트리(Olavus Petri)는 감방개혁의 선구자였다.[55] 그 뒤를 이어서 영국의 '기독교 지식 증진협회'가 악명 높은 교도소 환경을 개선시킬 방안을 제시했다.

---

54 Carlo Rossetti, *Corea, Coreani* 서울학 연구소 역 「꼬레아 꼬레아니」 (숲과 나무, 1996), p. 265

55 Hallendorf and Schück, *History of Sweden*, pp. 130-152; Kenneth S. Latourette, *A History of the Expansion of Christianity* (New York: Harper & Row, 1970) vol. 3, p. 402

재소자의 처우 개선

18세기 중반까지도 유럽의 감옥은 크게 나아지지 않았다. 재소자들을 나이나 성별로 분류하지도 않았고, 죄질도 구분하지 않은 채 섞어서 수감했으므로 감방에 질병, 폭력, 음란행위가 만연했으며, 죄수를 채찍으로 때리는 일도 드물지 않았다.

영국의 그리스도인 존 하워드는 감옥의 이러한 참상을 개선하여 수감자들의 교정을 목표로 하는 현대적 개념의 교도소가 생기는 데 있어 결정적 역할을 했다.[56] 그는 영국 전역을 누비면서 감옥의 실태를 조사했으며, 그 참상을 의회에 보고했다. 충격을 받은 의회는 이러한 악을 근절할 수 있는 방안을 논의한 끝에 1774년 교도소 개선을 위한 법안을 통과시켰으며, 1779년에는 수감자들을 기독교 신앙의 교훈으로 교정하는 것을 목표로 하는 법안을 통과시켰다. 이전의 음험한 지하 감방들은 점점 말쑥한 교도소 건물로 대체되었다.

---

56 Encyclopaedia Britannica 15th ed., 1984, macro. vol. 14, *Prisons and Penology*

전쟁포로의 인권보호

이전의 전쟁포로들은 강제노역이나 처형뿐 아니라 고문, 신체절단 등의 끔찍한 처우를 각오해야 했다. 하나님께서 포로를 불쌍히 보시므로 그들을 못살게 괴롭히지 말 것을 성경은 되풀이 강조한다.[57]

로마군대가 7천 명의 페르시아 병사들을 포로로 잡고 먹을 것을 주지 않자, 메소포타미아에 있는 아미다 시(市)의 주교 아카키우스는 "하나님께서는 그릇이나 식기가 필요 없으시다."면서 자신의 교구에 속한 교회의 모든 장식물들을 팔아 조국 로마의 대적이었던 이교도 포로들을 구출하여 무사히 그들의 왕에게 돌려보냈다.[58]

17세기 네덜란드의 신학자 그로티우스는 『전쟁과 평화의 법』에서 전쟁 중의 학대 행위를 제지하기 위한 방법들을 제시했고, 미국의 남북전쟁 때 그리스도인 링컨은 전장의 군대관리에 관한 총칙 100호를 발표함으로써 전쟁 법규의 발전에 크게 이바지했다.[59]

---

57 예: 시편 68:6, 69:3, 102:20, 146:7; 이사야 42:7, 49:9, 61:1; 스가랴 9:11; 마태복음 25:36–40; 누가복음 4:18; 베드로전서 3:19

58 W. E. H. Lecky, *History of European Morals* (London: Watts &Co., 1946) ii. p. 31

59 Encyclopaedia Britannica 15th ed., 1984, macro. xxi, *Laws of War* 참조

제네바 협약 체결 주도

　스위스의 칼뱅주의자 앙리 뒤낭은 1864년 전쟁의 부상자들을 국제적으로 보호하기 위한 제네바 협약을 체결하는 데 결정적인 역할을 했다. 이후에 기독교 윤리에 근거한 박애의 정신이 넘치는 국제 협약이 여러 번 체결됨으로써 전쟁포로에 대한 처우가 크게 개선되었다.

　1907년의 헤이그 협약은 항복한 적군을 살상하는 행위를 금지시켰고, 휴전협정 이후엔 조속한 시일 안으로 포로를 돌려보낼 것을 명시했으며, 1929년과 1949년의 제네바 협약에서는 전쟁포로의 중립적 지위를 규정하고 그들의 합당한 처우, 격리, 송환을 보장했다.

　비록 오늘날까지 많은 전쟁당사국들이 포로처우에 대한 제네바 협약을 위반하거나 무시했지만, 이 협정은 전쟁이 벌어진 때에 비인간적인 학대를 줄이는 데 있어서 아직도 강력한 억제력으로 작동하고 있다.

동물학대 방지

현대적인 의미에서의 동물 애호운동은 기독교 복음주의자들에게 크게 빚지고 있다. 왜냐하면 영국과 미국에서 19세기에 일어난 기독교 부흥의 물결을 타고, 동물을 보호하기 위한 세계 최초의 단체인 '왕립 동물학대 방지협회'가 조직되었으며, 동물보호를 위한 여러 법령이 제정되었기 때문이다.

이 왕립단체의 창립자는 아서 부룸이라는 복음주의 목회자였고,[60] 이 단체의 의장은 복음주의 노예해방 운동가였던 토머스 벅스턴이었다. 전통적인 기독교인이었던 리처드 마틴은 1822년 사상 최초로 동물학대 방지법을 통과시켰다.[61] 이때부터 황소 놀리기, 닭싸움 등 동물에게 고통을 주는 경기는 불법으로 규정되었다. 영국의 뒤를 이어 프랑스, 독일, 네덜란드 등의 서구 국가들이 동물학대죄를 확립하고 동물보호 단체들을 결성했으며 20세기 후반에는 이러한 추세가 비서구권으로 확장되었다.

---

60 J. Edwin Orr, *The Light of the Nations* (Exeter, UK: The Paternoster Press, 1965), p. 93

61 Kenneth S. Latourette, *A History of the Expansion of Christianity* (New York: Harper & Row, 1970) iv. p. 156

PART 19

나라사랑

> **"**
>
> 속박되어 천 년을 사는 것보다 자유를 찾아
> 백 년을 사는 것이 의의가 있다.
>
> – 장로교 총회장 김선두 목사가 1919년 3월 1일 만세운동의
> 현장인 평양 숭덕학교 운동장에서 한 연설
>
> **"**

▲ 유관순: 겨레가 고난당하던 시절, 기독교회는
수많은 애국자들을 배출했으며, 그리스도인
은 일제의 통치에 있어서 큰 걸림돌이었다.

민족 수난기에 나라사랑의 모범 보임

구한말과 일제시대 그리스도인들의 나라사랑은 한국 현대사의 영광이다. 당시 전체 인구의 극소수에 불과했으며 역사도 일천했던 기독교인들이 나라를 지키기 위해 쏟은 노력과 그 영향력은, 오랜 역사를 가졌으며 숫자도 몇십 배로 많던 타종교인들 또는 무종교인들을 무색케 했다. 오늘날 우리가 기억하는 당대의 애국자들 대부분은 그리스도인들이다. 김구, 안중근, 안창호, 류관순, 서재필, 이상재, 이준, 조만식, 남궁억 등등. 그들이 겨레의 등불이 되어 일제의 폭압적이고 간교한 통치에 맞서 싸울 수 있었던 것은 복음을 통해 정의와 자유의 개념을 배웠기 때문이다.

서울대학교 최종고 교수 같은 이들은 한국의 민족주의를 형성하고 발전시켰던 주역으로 기독교를 꼽는다.[1] 민족이 위기에 처해 있던 시절, 교회는 민족의 보존과 발전을 이루기 위해 뚜렷한 민족주의 성향을 보였다. 교회가 민족주의 운동의 거점이 됨으로써 신앙적 중심에서 이탈할까 봐 서양 선교사들이 우려했을 정도였다.

---

1 최종고, 『한국 법사상사』(서울대학교 출판부, 2001), p. 192

구한말 꺼져가는 민족정기 고취시킴

대한제국 시대의 교회는 꺼져가는 국운을 되살리고자 하는 간절한 마음으로, 성탄절을 비롯한 교회 명절 때마다 십자가와 태극기를 동시에 게양하곤 했다.[2] 기독교 계통의 학교들 역시 행사 때마다 태극기를 달고 애국가를 부르게 하여 민족의식을 고취시켰다. 장로교회는 1901년부터 나라사랑의 요체를 담은 「국가문답」, 「국가성쇠문답」 등의 자료를 제작·배포·활용하는 한편, 한국의 역사와 위인을 소개함으로써 민족의식을 고취시켰다.[3] 교회들은 해마다 국왕 탄신일이 되면 대중 집회를 열어 애국독립의식을 고취했으며, 교회 조직을 활용해서 민중계몽운동과 정치적 결속을 도모했다.

당시 자주의식 고취에 중요한 역할을 맡고 있던 독립협회도 개신교의 영향을 크게 받아[4] 지도급 인사를 포함한 회원의 다수가 개신교 신자였다. 일본 공사관은 "개신교 측의 이 두 교파(장로교, 감리교)는 …새로운 선전(宣戰)을 시도하고 다른 교파의 선두에 서서 이른바 저 독립협회와 밀접한 연락을 취하고 있다."[5]라고 기록했다.

---

2 「대한그리스도인 회보」, 3-1호, 1899년 1월 14일

3 이만열, 『한국기독교와 민족운동』 (보성: 1986), p. 40; 유준기, 『한국민족운동과 종교활동』 (국학자료원, 2001), p. 140

4 이광린, "구한말 옥중에서의 기독교신앙" 『東方學志』 제47·48집, 1985, pp. 477-500; 최종고, 『한국 법사상사』 (서울대학교 출판부, 2001), p. 193에서 인용

5 일본공사관기록, 『기독교상황』; 민경배, 『한국기독교회사』 (대한기독교출판사, 1986, 5판), p. 231에서 인용

국권 침탈에 저항

  윤병구 목사는 을사늑약이 임박한 것을 눈치 채고 1905년 6월 루스벨트 미국 대통령을 면담하고 한국독립을 위해 미국이 지원해 줄 것을 요청했으나 때가 늦었다. 조약이 강제로 체결되는 날 전국은 비통에 잠겼으며, "교회는 울음바다"가 되었다.[6] 김하원, 이기범, 차병수 등은 그리스도인으로서 "사수국권(死守國權)"을 쓴 경고문을 종로 네거리에 게시하고 운집한 시민들에게 통렬한 구국 연설을 했다.[7] 일경과 헌병은 그들에게 칼을 휘둘러 상처를 입힌 후 감금시켰다.

  기독교청년회(YMCA)는 월례 강연회를 할 때마다 애국가를 부르고 기도로 폐회하는 것이 관행이었다. 강연회를 감시했던 한 일본 경찰조차 감동하여, "애국가의 뜻은 우리나라 삼천리 강토와 오 백년 종사(宗社)를 천주께 맡겨 독립을 회복해 주십사는 내용으로 듣기만 해도 눈물이 났다."라고 썼다.[8] 1907년 정미 7조약이 체결되자, 청년회는 친일 일진회의 기관 신문사를 습격하여 파괴하고 대한문 앞에 나가서 꿇어앉아 대성통곡했다.

---

6 조지훈, 「한국민족운동사」, 민족문화사대계, 고려대학교, 민족문화연구소, 제1권, 1964, p. 585
7 정교, 「大韓季年史 下」 p. 191; 「大韓每日申報」, 1905. 12. 2.
8 1907년 기밀서류, 甲, 사법계에 수록된 일련의 청년회 상황보고; 민경배, 「한국기독교회사」 (대한기독교출판사, 1986, 5판), p. 225에서 인용

독립운동의 거점

교회는 예배의식을 통해 항일의식을 고취시켰을 뿐 아니라 경제적 측면에서도 반식민·반수탈 투쟁에 나섰다. 교회는 국채보상운동과 함께 금연운동, 도덕윤리 생활운동 등을 이끄는 핵심세력이었다. 그러므로 한국 민족운동사 연구회장인 유준기는 "그리스도인들의 국민계몽운동과 기독교계 학교의 민족교육은 국권을 회복하려는 민족의식 형성에 촉매 역할을 했을 뿐 아니라 이를 대중화시키는 중심세력이었다."라고 밝혔다.[9]

이러한 움직임에 대해 일본정부는 1907년부터 "반일저항의 거점이 한국교회"라며 노골적인 비난을 시작했다. 일본 공사관의 기록에는 "기독교인이 이제까지 여러 가지 귀찮은 일을 야기해 왔는데, 장래에도 각종 귀찮은 일을 야기할 것임에 틀림없다."라고 적혀있다.[10] 일본 공사관은 교회의 격증 원인도 "일본의 압박을 달갑게 여기지 않는 자들이 와서 십자가에 모여 십자가 보호 밑에 크게 세력을 양성하여 장차 십자군병을 일으켜 일본의 세력을 한국에서 축출하자는 데 있었다."라고 분석했다.[11]

---

9 유준기, 『한국민족운동과 종교활동』 (국학자료원, 2001), p. 136
10 일본공사관기록, 1905년 本省往, 기독교청년회의 동정에 관한 件, pp. 69~70
11 위의 글; 민경배, 『한국기독교회사』 (대한기독교출판사, 1986, 5판), pp. 226f에서 인용

항일투쟁

교회 전도사였던 이동휘는 의병을 일으켜 반일 무력투쟁에 가담했다. 대표적 친일 인사였던 스티븐스를 1908년 미국 오클랜드에서 암살했던 장인환도 기독교 신자였고, 민족반역자 이완용을 암살하려던 이재명도 열렬한 신자였다.

상동 감리교회의 담임목사 전덕기는 1907년 헤이그 만국평화회의에 한국을 대표하는 밀사로 이준, 이상설, 이위종을 파견했다.[12] 이준 열사 역시 유배생활 중 그리스도를 만난 신앙인이었다. 그는 평화회의에서 일본의 조선 강탈 야욕을 규탄하는 연설 후 장렬히 자결했다.

1909년 가을에 한국침략의 주범 이토오 히로부미를 사살했던 안중근은 천주교 신자였다. 신자가 살인을 할 수 있느냐는 논쟁의 여지를 남기고 있지만, 그의 애절한 나라사랑과 신앙이 밀접한 관계가 있었음을 부인하기 어렵다. 그는 여순(旅順)감옥에서 장남 분도를 신부로 키워달라고 유언했으며, 2분간 조용한 기도를 올린 다음 사형당했다.

---

12 김홍기, 「세계 기독교의 역사 이야기」 (예루살렘, 1992), p. 226

일제의 혹독한 고문

1910년 한일병합이 되었을 당시 우리나라엔 백성의 힘을 결집할 만한 전국적 연합체가 거의 남아 있지 않았다. 기독교회만이 강력한 결속력을 가지고 전국적 조직망을 가진데다 의식이 깨어있었다. 병합이 되자마자, 일본이 기독교를 억누르려고 꾀한 것은 놀랄 일이 아니다.

일본의 경찰과 군대는 1910년 테라우치 총독의 평안도 순시를 이용, 105인 사건을 조작하면서부터 기독교 탄압을 본격화했다. 일본은 총독 살해를 모의했다는 혐의를 뒤집어씌워 대표적인 그리스도인들을 체포, 가혹하기 짝이 없는 고문으로[13] 사건을 날조하며 기독교를 뿌리 뽑으려고 했으나 그들의 용기 있는 반증으로 좌절되었다. 공개된 재판정에서 그들은 저마다 일어나서 고문받은 사실을 폭로했는데, 얼굴에 상처를 남기지 않는 교활한 방법으로 고문을 받았던 이들은 일어나서 옷을 벗어 보이겠다고 대들었다. 지독한 형고를 치렀던 이들이 풀려 나와 평양역에 도착했을 때 시민 9천여 명이 광장에 운집, 울먹이며 환영했다고 한다.[14]

---

13 체포된 이들 중에 전덕기 목사를 비롯해 김근영, 정희순, 한필호 등은 고문으로 세상을 떠났으며 최광옥은 병사했다.

14 민경배, 『한국기독교회사』 (대한기독교출판사, 1986, 5판), pp. 286-288

삼일만세운동 준비

독립운동을 추진했던 중추 세력은 국내외에 모두 일곱 군데 나 있었다. 상하이에서는 김규식, 여운형 등의 신한청년단이, 미 주에서는 안창호, 이승만 등의 대한국민회와 흥사단이 독립운동 을 전개했다. 러시아 연해주에서는 이동휘 등이, 동경에서는 조선 YMCA 회관에서 이광수를 대표로 한 유학생들의 조선청년독립단 이 독립운동을 전개했다. 1919년 2월 8일 이광수는 자신이 기초 한 독립 선언서를 낭독하고 국내외에 이를 천명하여 독립을 호소 했다. 이 모든 주동체의 대부분이 그리스도인이었다.[15]

특히 기미년 3·1운동은 기독교가 주도하여 벌인 운동이라 해도 지나치지 않다. 기독교회의 전국적인 유기적 조직망 덕분에 연락 과 비밀보장, 그리고 거사의 동시다발성이 가능했던 것이다. 일본 총독부도 "독립소요의 주동자는 대부분 기독교, 천도교 신자였으 므로 엄중한 취체 탄압을 이들 신자에게 가했다."라고 밝혔다.[16] 이 러한 현실 참여는 구한말 이래의 기독교 민족운동의 전통과 민족 구원을 열망하는 애국적 신앙에 그 뿌리를 두고 있다.

---

15 이영헌, 『한국기독교사』 (컨콜디아사, 1991, 8쇄), p. 152
16 제국지방행정학회 편, 『朝鮮統治秘話』, 1937, pp. 290-291; 한국기독교역사연구소, 『한국 기독교의 역사』 (기독교문사, 1990)-2, p. 39에서 재인용

삼일만세운동 주도

당시 장로교 총회장이었던 김선두 목사는 3월 1일 평양 숭덕학교 운동장에서 독립선언식을 거행하면서 "속박되어 천 년을 사는 것보다 자유를 찾아 백 년을 사는 것이 의의가 있다."라고 연설했다.

이 만세운동에 기독교가 주도적 역할을 했음은 통계자료에서 명백하게 드러난다. 우선 독립 선언서에 서명한 민족대표 33인 중 16명이 기독교인이었으며, 이들과 함께 운동계획 과정에서 중요한 역할을 한 17인 중에서도 기독교인이 8명이었다.[17] 일제 헌병대가 1919년 말까지 3·1운동 관계 피검자 종교적 상황에 따르면, 기독교인이 가장 많아 총피검자 19,525명의 17.6퍼센트를 차지했다.[18] 특히 여성 피검자의 경우 기독교인이 65.6퍼센트였다. 당시 총인구에서 기독교인은 1.5퍼센트에 지나지 않았던 것을 생각하면, 기독교의 역할이 얼마나 컸는지 쉽게 알 수 있다. 기독교 지도자들은 이 운동이 실패하면, 교회에 끔찍한 핍박이 올 것이라는 것을 알면서도 민족의 자유, 신앙의 자유를 획득하기 위해 이 운동에 가담했다.[19]

---

17 문인현 「3·1운동과 개신교지도자 연구」(史叢, 20호, 1976)
18 3·1운동 피검자 종교적 상황(1919년 말)
19 "三一運動秘史" 「기독교사상」 1966년 2월호; 「한국교회사」 (성광문화사, 1993), p. 143

대한민국 임시정부 지원

3·1운동 후 대한민국 임시정부가 상하이에 수립되어, 조국독립을 위한 국내외의 활동을 일치시키고자 연통제(聯通制)를 설치, 국내외의 효율적 연락과 운송을 도모했을 때 의지했던 연락망도 기독교회였다. 연통제가 황해도, 평안도, 함경도 등지 서북 지방에서 특히 순조롭게 시행되었던 이유도 이 지역이 기독교사상에 의해 민족의식과 시민정신이 다른 지역보다 발달되어 있었기 때문이다. 이처럼 연통제와 밀접히 관련되었던 서북 지역 그리스도인들은 종종 그 사실이 적발되어 고초를 당했다.[20]

그리스도인들은 임시정부를 적극적으로 도와 독립운동에 가담했다. 이 무렵, 대한애국부인회, 대한민국청년외교단, 대한적십자회, 반석대한애국여자청년단 등 수많은 독립운동 단체들이 조직되었는데, 이들 대부분은 그리스도인이 중심이 되어 조직한 단체들이었으며 핵심인물들도 대부분 그리스도인이었다.[21]

20 한국기독교역사연구소, 「한국 기독교의 역사」 (기독교문사, 1990)-2, p. 51
21 「한국 기독교의 역사 II」 (한국기독교역사연구소, 1990), p. 53

독립운동 주도

일제의 고등법원 검사국 사상부는 "대부분의 기독교인들의 반일적 성향은 매우 강하다."라고 평했다.[22] 실제로 기독교인 가운데 반전(反戰)·반일(反日)적 언동으로 처벌받는 이들이 속출했으며, 교회는 일제가 강요하는 궁성요배나 신사참배를 거부하거나 일제 경관들이 주최하는 시국 좌담회 때 예배당의 사용을 곧잘 거절하곤 했다.[23] 기독교인의 이러한 반일성향은 일제가 황해도 지역에서 수집한 기도문, 설교문의 분석에도 잘 드러난다. 즉, 총 76점을 수집했는데, 적극적으로 일본의 전승을 기원한 것은 한 점도 없는 반면, 박애주의에 기초해서 빠른 전쟁종결을 기원한 것은 20점에 달했다는 것이다.[24]

서울대학교 국사학자 한우근은 "한국의 개신교 교회들은 일반적으로 일본의 통치에 저항했으며 가능한 한 저항운동에 필요한 모든 도움을 주었다."라고 평가했다.[25] 또 선교사들이 세운 교육기관들은 독립운동 지도자를 양성하는 장소였다.[26]

---

22 고등법원 검사국 사상부 「思想彙報」, 16호, 1938. 9, pp. 9–10; 윗글을 「한국 기독교의 역사 II」에서 재인용
23 위와 같음.
24 같은 책, pp. 10–13
25 Han Woo-Keun, *The History of Korea* (Seoul, Eul-Yoo Publishing, 1981, 12쇄), p. 459; *Handbook of Korea* (Korean Overseas Information Service, 문화부, 1978), p. 148
26 같은 책, p. 458

태극기 제작

우리나라 국기의 공식 제작자요, 최초의 게양자로 알려진 박영효 역시 기독교를 신뢰했던 선각자였다. 그는 급진개화파의 한 사람으로서 갑신정변 실패 후 일본으로 망명한 다음 다음과 같이 말했다.

"우리의 재래 종교는 지금 기운이 쇠진합니다. 이 백성으로 하여금 기독교로 들어오게 할 수 있는 길이 넓게 열려 있습니다. 기독교 교사와 사업인들의 일꾼은 우리나라 어느 곳에도 필요합니다. 우리는 합헌적인 개혁을 하기에 앞서 교육과 기독교화를 서둘러야 하겠습니다."[27]

그는 또 자신에게 도움을 주었던 루미스 선교사에게 "나는 천수(天壽)를 누려왔으며, 이제 나는 눈물로 이에 대해 나의 주님께 감사드리고 있습니다."라는 감사의 편지를 쓴 바 있다.[28] 그는 1882년 수신사로 임명받아 일본으로 가고 있던 배 안에서 우리나라 고유의 문양을 살려 태극기를 만들었다.

---

27 F. A. MacKenzie, *The Tragedy of Korea*(Yonsei University Press, 1969) pp. 54f

28 C. D. Loomis, Henry Loomis, *Friends of the East* (NY: Fleming H. Revell Co., 1923), pp. 85-86.

무궁화 보급

   그리스도인들은 나라꽃인 무궁화의 제정과 보급에도 공헌했다. 무궁화의 영어 이름은 'Rose of Sharon', 곧 '샤론(이스라엘의 해안 평야 이름 중 하나)의 장미'로서 성경에도 등장하며(아가서 2장 1절), 찬송 시에서는 예수님 또는 성도를 비유하는 꽃으로 묘사되기도 한다. 좋은 본보기로 찬송가 89장 「샤론의 꽃 예수」를 들 수 있다.

   애국지사 남궁억은 강원도 홍천에서 전도사로 시무할 때 교회 안에 보통학교를 설립하고 「무궁화 동산」이란 노래를 지어 퍼뜨렸으며, "일본의 나라꽃인 사쿠라(벚나무)는 활짝 피어났다가 곧 지지만 무궁화는 면면히 피어난다."라고 말했다가 체포되어 옥고를 치렀다. 일본경찰은 무궁화 보급운동을 "불온사상을 고취하고 민족주의를 선전하는 행위"로 규정짓고 학교의 직원 및 남궁억의 친척들까지 모두 체포, 구금했으며 무궁화 8만 주를 불에 태워버렸다.

그리스도인들은 우리나라의 3대 상징인 국가(國歌),
국기(國旗) 및 국화(國花)의 제정과 보급에 결정적인
역할을 했다.

PART 20
인류사랑

문제 해결의 열쇠는 지극히 단순합니다.
더욱이 구식입니다. 내가 그것을 말하는 것이 부끄러울 만큼
단순한 것입니다. 여러분 가운데 똑똑한 익살꾼이 조롱하며
내 말에 대꾸하지 않을까 겁이 납니다. 하지만 내가 생각하고
있는 바를 말해 보겠습니다. 문제의 열쇠란 바로 '사랑',
곧 그리스도인의 사랑(Christian Love)인 것입니다.

◀ 영국 태생의 노벨상 수상 철학자인 러셀이 1950년
미국 컬럼비아 대학에서 강연 중에 한 말이다. 그
는 무신론자였음에도 불구하고 인류가 행복해지
기 위해 꼭 맞닥뜨려야 할 쟁점들을 열거한 후 그
해답으로 "그리스도인의 사랑"을 제시했다.

사해 동포주의 실천

역사상 세상의 그 어떠한 종파도 기독교처럼 다양한 지역, 인종과 민족을 포용하지 못했다. 기독교회는 아무리 인종적으로 다양하고 지역적으로 흩어져 있다 할지라도 "우리는 하나"라는 의식을 초창기부터 갖고 있었다.[1] 사도들은 유대인이나 이방인이나 그리스도 안에서 하나임을 꾸준히 가르쳤다.[2] 성경이 세상의 그 어떠한 책보다도 더 많은 언어로 번역되었으며, 땅 위에 골고루 보급되어 있다는 사실은 기독교가 갖는 문화적 포용성을 증명한다.

그리스도인은 시대의 조류가 배타적 민족주의를 지향하고 있어도 그 흐름을 거슬러 박차고 올라갈 수 있다. 왜냐하면 그리스도인의 양심은 국가의 법보다 하늘의 법, 곧 하나님의 말씀을 우선적으로 따르기 때문이다. 기독교는 더 이상 백인의 전유물이 아니다. 21세기 초에 접어들면서 세계 전체의 기독교 인구에서 백인의 비중은 3분의 1로 낮춰졌다.

---

1 Williston Walker, *A History of the Christian Church* 송인설 역 「기독교회사」 (크리스챤 다이제스트, 중판 1993), p. 58

2 예: 에베소서 2:14

적십자사(Red Cross)가 박애정신 구현

보편적인 인류애를 실천하는 데 있어 전형적인 모범이라 부를 수 있는 적십자사는 기독교 정신에 그 뿌리를 두고 있다. 브리태니커 백과사전은 설립자 앙리 뒤낭이 부모에게서 물려받은 신앙의 기초 위에 박애주의적인 신념으로 적십자사를 창립했다고 말한다.[3] 그는 스위스 제네바의 칼뱅주의자 가정에서 태어나 19세기 초 스위스에서 일어난 신앙 부흥의 분위기 속에서 양육 받았으며,[4] 기독교청년회(YMCA) 활동에 적극 동참,[5] 제네바 지부에서 국제 연락책을 맡고 있었다.[6]

뒤낭은 이탈리아의 솔페리노에서 프랑스와 오스트리아가 전쟁을 벌여 수천 명의 사상자가 생기는 참상을 목격한 후 1862년 "솔페리노를 회고함"이라는 글을 써서 부상을 입었거나 병으로 고통받는 군인들을 돕기 위해 각국 정부가 서로 협의하여 국제적인 기구를 창설할 것을 제안했는데, 그 제안이 큰 반응을 얻음으로써 적십자사 설립의 토대가 되었다.

---

3 Encyclopaedia Britannica 15th ed., 1984, macro. vol. 4, *Christianity; The Influence of Christian Care for the Sick in the Secular World*

4 Kenneth S. Latourette, *The 19th Century in Europe* (Grand Rapids, MI: Zondervan, 1969), p. 216

5 C. T. Shedd, *History of the World's Alliance of Young Men's Christian Associations*, pp. 82ff; J. Edwin Orr, *The Light of the Nations* (Exeter, UK: The Paternoster Press, 1965), p. 225

6 Kenneth S. Latourette, *The 19th Century in Europe* (Grand Rapids, MI: Zondervan, 1969) vol. II, p. 216

교회가 국제연합(UN) 창설에 앞장섬

　미국의 교회는, 미국정부가 종래의 고립주의를 폐기하고, 국제 연합 창설에 앞장설 것을 촉구했다.[7] 예일 대학의 역사학자인 라투 레트는 "개신교 신앙으로 행동하는 이들이 주축이 되어 국제연합 과 국제연맹을 창설했다."[8]라고 말한다.

　미국의 상원의원들을 설득해서 국제연합 창설의 인준을 받아내 고, 국제연합헌장을 제정하는 데 주역을 맡은 사람은 장로교 목사 의 아들로서 미국의 국무장관을 역임했던 존 덜레스(J. F. Dulles)였 다.[9] 그는 미국의 연방 교회협의회가 제2차 세계대전 중에 조직했 던 "정의롭고 항구적인 평화 정착을 연구하는 위원회"의 수장으로 활약했다. 교회협의회는 평화 정착에 관한 대규모 연구 세미나를 개최하고, 이 주제에 관한 토의 결과를 교회들에게 돌려서 심의케 함으로써 평화 정착을 위한 대형 국제기구의 필요성에 관한 여론 을 확산시켰다. 교회들이 국제연합 설립의 길을 예비한 것이다.

7　Kenneth Scott Latourette, *A History of Christianity* 윤두혁 역 『기독교사』 (생명의 말 씀사, 1980) III, p. 618

8　Kenneth S. Latourette, *Christianity in a Revolutionary Age* (Grand Rapids, MI: Zondervan, 1970) vol. 5, p. 525

9　같은 책, pp. 112f

그리스도인들이 노벨 평화상 수상

1901년에서 2000년까지 백 년 동안 노벨상을 받은 모든 수상자들 가운데서 65퍼센트가 그리스도인이었다.[10] 유대교인을 비롯해서 하나님의 존재를 믿는 이들까지 포함시키면, 그 비율은 83퍼센트로 늘어난다. 특히 노벨 평화상을 받은 이들 가운데 그리스도인은 78.3퍼센트를 차지한다.[11] 미국 역사협회장을 역임했던 라투레트는 "많은 종교와 철학은 전쟁을 한탄하며 비난하는 데 그쳤지만, 기독교는 사람들이 전쟁에 맞서 단호하면서도 가능성 있는 조치를 취하도록 행동에 옮긴다."[12]라고 말한 바 있다.

적십자사를 창립했던 스위스의 칼뱅주의자 앙리 뒤낭이 1901년 사상 최초의 노벨 평화상을 받은 이후 그리스도 중심의 학생운동과 평화를 위한 단체결성에 앞장섰던 존 모트, 가봉의 의료선교사였던 알베르트 슈바이처, 흑인의 민권운동을 벌였던 목사 마틴 루터 킹 등 수많은 그리스도인이 이 상을 받았다.

---

10 "100 Years of Nobel Prize", Shalev 2003, p. 59
11 Baruch A. Shalev, *100 Years of Nobel Prizes* (2003) (Atlantic Publishers & Distributors), pp. 57–59
12 Kenneth S. Latourette, *A History of the Expansion of Christianity* (New York: Harper & Row, 1970) iii, p. 397

광신적인 애국주의 반대

천황 절대주의가 일본에서 득세하고 있을 무렵, 제일고등학교(현재의 동경대학)의 교원과 학생들이 천황과 황후의 사진 앞에 일제히 절했지만, 일본의 그리스도인 우치무라 간조는 예외였다. 그는 고개를 까딱 숙였을 뿐 최고의 예우를 표하지 않았다. 그 결과, 촉탁 교사였던 그는 해직되었다.[13] 오다 나라치 목사는 신사참배가 거짓 종교의식임을 간파하고 조선 팔도를 누비며 조선인들에게 신사에 참배하지 말 것을 권면하는 강연을 계속하다가 체포되어 수원경찰서에서 모진 고문을 받고 감방에서 수개월 옥살이를 했다.[14]

토요히코 카가와는 일본이 중국을 침략했던 1930년대 중국 각처를 돌아다니며 일본의 군사침략 행위를 규탄하고 사죄했다. 그는 매국노로 낙인찍혔으며, 그의 교회는 폐쇄되었다. 그럼에도 그는 다음의 말을 했다.

"나는 일본을 무척 사랑한다. 그 이유 때문에 나는 조국에 봉사한다. 하지만 나는 먼저 천국의 시민이란 점을 잊지 않는다. 나는 먼저 하나님께 속했고 그 다음이 일본이다."

오늘날 일본에서 소수의 기독교도는 일본이 우리 민족에 저지른 악행에 대해 사죄의 마음을 갖고 있는 거의 유일한 종교세력일 것이다.

---

13 김수진, 『한일교회의 역사』 (대한기독교서회, 1989), pp. 15-16
14 같은 책, pp. 85-86

선교사들의 조선 백성 사랑

조선에 파송된 선교사 1호였던 알렌은 일본정부가 민비 시해를 주도했음을 미국정부에 통보하고 일본의 만행을 지속적으로 공개 규탄했다. 그러나 당시 일본과 좋은 관계를 유지하고 싶었던 미국은 자국의 이익을 위해 알렌을 대리 공사의 자리에서 파직시켰다. 을미사변 이후 고종은 선교사 헐버트를 을사늑약을 막기 위한 밀사로 급파했다. 그러나 일본의 편에 서있던 미국 대통령 루스벨트가 접견 요청을 계속 거부하자, 헐버트는 미국 외교정책의 부도덕성을 통렬히 비난했다.

1910년 한일병합 후에도 많은 선교사들은 조선의 독립운동에 직접 또는 간접적인 원조를 했다.[15] 당시 독립운동 지도자들 중엔 선교사가 세운 학교의 졸업생들이 압도적으로 많았다.[16] 삼일만세운동 당시에도 대부분의 선교사들은 조선인들을 동정하며 일본을 비판했다. 선교사들은 일본에 맞서는 조선 애국자들의 투쟁에 협조를 아끼지 않았다.[17]

---

15 *Handbook of Korea* (Korean Overseas Information Service, 문화부, 1978), p. 206
16 위와 같음.
17 위와 같음.

주한 선교사들의 인류애 실천

"내게 천 개의 목숨이 있다면 그것 모두를 코리아에게 바치리."

25세의 꽃다운 나이에 조선에서 삶을 마감했던 루비 켄드릭 선교사의 묘비에 적힌 글이다. 그녀는 구한말과 일제강점기에 가난과 압제 속에 신음하던 이 민족을 찾아와서 함께 살다가 이 땅에서 죽어 서울 양화진에 안장된 145명의 선교사(가족 포함) 중의 한 사람이다.

광주 양림동에는, 자신의 모든 것을 한국인에게 나눠주고 자신은 영양실조로 죽은 쉐핑(한국명 서서평)의 묘가 있다. 사회장으로 치러진 그녀의 장례식에는 수백 명의 나환자와 걸인들이 "(우리의) 어머니 어머니!"를 외치며 울부짖었다. 그녀는 한국 옷을 입고 한국 말을 하며, 병자를 치료하고 걸인들을 데려와 옷을 사 입혔으며, 부모에게서 버림받은 아이를 아들로 삼고 13명의 딸을 입양했으며, 의지할 곳 없는 38명의 과부들과 함께 살았다.

"성공이 아니라 섬김이다."
(Not success, but serve.)

– 서서평 선교사의 좌우명

기독교 영향력

초판 인쇄 2020년 9월 3일
초판 발행 2020년 9월 9일

지 은 이 이영철
펴 낸 곳 코람데오
등   록 제300-2009-169호
주   소 서울시 종로구 세종대로 23길 54, 1006호
전   화 02)2264-3650, 010-5415-3650
             FAX. 02)2264-3652
E-mail   soho3650@naver.com

ISBN | 978-89-97456-84-0

값 12,000원